유랑

[차례]

[프롤로그]

사람은 살면서 많은 파랑성을 받기도, 남기기도 한다. 나에게 푸른빛으로 남는다면 더할 나위 없이 행복할 거라고 말하던 나의 파랑성을 긴 유랑을 깨고 나와, 나는 찾을 것이다.

[구름이 갠 날]

 앞조차 보이지 않던 나날을 보내던 중에 구름이 개어진 날이다. 나는 그림을 그리는 회화학과 학생이고, 3학년이 되어 사 월 끝자락을 보내고 있다.

 "해리야! 오늘 날씨 좋은데? 하, 중간고사 끝나서 기분 너무 좋다! 종강아, 빨리 와라~"

 종강을 찾는 우리와 반대로 아직까지 설레는 마음을 갖고 있는 1학년들이 우리 옆을 지나간다.

 "새로 들어온 애들 귀엽지 않아? 3학년이라고 1학년이 아기 같네. 오늘 점심은 뭐 먹을까? 새로 생긴 파스타집 있는데 거기로 가볼래?"

 친구 지우이다. 나에게 몇 없는 친구이다. 내 친구 지우는 나와 반대로 말이 많고 밝은 아이이다. 나도 지우만큼…… 지우보다 밝았었지만.

 "먹고 싶은 거 먹어."

 "찬이한테도 물어봐야겠다! 근데 해리야, 너 시서랑 알지?"

 "몰라."

 "와, 시서랑 모르는 사람 너 말고 또 있을까. 아무튼 시서랑 기말고사 끝나고 버스킹 한대! 보러 가자."

 "싫어. 다른 사람 노래 못 듣는 거 알잖아. 제일 잘 아는 사람이?"

 그 노래가 아니라면 들을 필요가 있나. 다른 노래는 내 귀에 가시가 될 뿐이다.

 "그럴 줄 알았지~ 괜히 한 번 말해봤다! 나 간다! 좋은 하루 보내~"

 지우는 패션학과이기에 로비에서 우린 멀어진다. 그렇게 혼자 강의실로 향하면…… 내 그림과 함께 회화학과 학생들의 그림이 복도에 걸려 있다. 그 앞에 내 그림을 보고 있는 학생들이 보인다.

 "해리야, 안녕! 이번에 그린 그림도 바다더라? 역시

해리의 바다 그림은 진짜 바다 같아!"

나랑 친해지고 싶어 하는 학생 중 한 명이다. 그냥 말을 던져보는 건지는 모르지만.

"아, 응. 고마워."

나는 아무 의미가 담기지 않은 웃음과 말로 답하곤 발걸음을 재촉하여 강의실로 들어간다. 내가 그들 앞에서 벗어나기 직전에 들리는 말들은 항상 좋지 못한 말들이다. 별 상관은 없지만.

"으, 영혼 없이 답하는 거 봐. 넌 쟤가 뭐가 좋다고."

나는 다른 사람에게 관심을 주지도, 갖지도 않는다. 그런데 다들 왜 나한테 관심이 많은 건지. 항상 저 애들은 나는 참여하지 않는 나에 대한 대화를 한다.

"왜. 예쁘게 생겼잖아. 친해지면 소개팅이라도 한 번 데리고 나가야지."

"야, 안 그래도 네 얼굴이 그런데 쟤 옆에서 서면 비교만 되지."

"야! 너는 데리고 가면 바로 거절당하거든?"

둘은 뭐가 그리 재밌는 건지 깔깔 웃는다. 고등학생도 아니고 저런 시시콜콜한 대화가 재밌어서 하는 걸까. 평소에 난 가장 빨리 강의실에 들어온다. 어느 때와 같이 난 내 자리에 앉아 수업을 들을 준비를 하고 있었다. 그런데 밖이 소란스러워지면서 누군가가 들어온다. 학과 내에서 본 적 없는 사람인 것 같았다. 확실한 건…… 잘생겼다. 다른 학과 학생은 강의실에 출입하는 게 금해져 있지만 귀찮아서 눈길을 주곤 다시 조용히 눈을 돌렸다. 그런데 나에게 말을 걸어온다.

"저기…… 안녕. 너 부해리 맞지?"

갑작스럽게 들어온 사람이 말까지 건다. 내가 대답이 없자 그 사람은 혼자 말을 이었다.

"아, 난 시서랑이라고 해."

무슨 목적인지는 모르겠지만…… 날 왜 알고 있는 걸까. 시서랑이라, 지우가 말하던 사람 아닌가. 그럼 실용 음악학과인가? 시서랑이라는 사람이 답을 기다리는 건지 날 바라본다. 답하기 귀찮아서 입을 꾹 닫았다.

"아, 응…… 음."

어색한 분위기에 시서랑이 다시 입을 연다.

"그, 내가 곡을 내고 싶은데 네가 그림을 잘 그리더라고? 그래서 말인데……"

꾹 닫힌 입을 열었다.

"거절할게."

시서랑은 꽤나 당황한 표정이었다. 내가 당연하게 받을 줄 알았나.

"간절하게 부탁할게. 꼭 네가 표지를 그려주면 좋겠어."

내가 왜 이 사람 곡의 표지를 그려야 하지? 염치없는 사람인 것 같다는 생각이 들었다.

"다른 애들한테 물어봐. 네가 말하면 자기가 그린다고 난리일 것 같은데?"

그림 그릴 줄 아는 사람이 나만 있는 것도 아니고 왜 나일까. 시서랑은 더 간절한 표정으로 말했다.

"정말 네가 그려야만 해."

평소에 의문을 갖지 않는 편이지만 궁금해졌다. 처음 보는 나한테 이토록 간절히 바라는 이유가.

"왜?"

내 입에서 오랜만에 나온 질문이다. 시서랑은 답했다.

"음, 사실 저번부터 너의 바다들을 봤어. 걸리는 그림마다 다 바다가 그려져 있더라고. 네 그림을 보니깐 진짜 바다에 온 것 같더라."

"그래서?"

"나도 노래로 다른 사람에게 바다를 전하고 싶어지더라고. 그래서 너의 그림을 보고 곡을 썼어. 그러니깐 네가 그려준 그림으로 표지를 만들어야만 해! 원하는 금액이 있다면 말해도 돼."

원하는……

"돈 말고. 다른 걸 해줄래?"

시서랑은 내가 그려줄 거란 확신이 들었는지 밝은 표정으로 말했다.

"뭔데? 뭐든지! 내가 할 수 있는 거 맞지?"

"끝나면. 그림 다 그리면 그때 말할게."

의문 가득한 표정으로 시서랑이 물었다.

"그래. 막 집을 넘기라고 하고…… 그런 건 아니지?"

나는 다시 입을 닫았다.

"에이, 농담인데…… 그냥 조금 오버해서……"

"응. 아마 간단한 거야. 네가 나한테 그림을 맡긴 것처럼 네가 할 수 있는……"

쟤가 내 부탁을 듣고 성공할까? 뭐, 이번에도 실패라면 그냥 놓아야지. 점점 시끄러운 소리들이 가까워지더니 강의실 문이 열리면서 강의실 안까지 들어온다.

"아니, 어제 그랬다니깐? 헉, 서랑……"

들어오는 소리들이 시서랑한테 말을 걸기 시작한다. 시서랑은 대충 답하곤 나에게 인사를 건넸다.

"고마워. 오늘 수업 이게 끝이지? 데리러 올게."

시서랑이 인사를 끝내고 발을 돌리자 모든 시선은 나한테 쏠렸다. 그리곤 그들끼리 속삭인다.

"무슨 사이야?"

"모르지. 곧 둘이 사귄다고 할 듯."

그들끼리의 대화가 끝나면 나한테 다가와 말을 건다. 시서랑과 무슨 사이냐, 언제부터 알고 지냈냐와 같이 시서랑에 대한 질문을 했는데 한 귀로 듣고 한 귀로 흘리면서 대충 답했다. 교수님이 들어오시기 전까지는 시서랑으로 인해 강의실이 평소보다 더 시끄러울 거라는 걸 알기에 이어폰을 꼈다. 노래를 듣지 않아서 백색소음을 최대치로 틀어 그들의 대화에서 빠져나온다.

"시서랑 선배 왜 왔어?"

"몰라. 겁나 잘생김. 아침부터 눈 호강이다~"

"시서랑 선배, 여자친구 없다고 했지?"

"없대. 근데 없으면 뭐 하냐. 우리한테 관심이 하나도 없는데."

"부해리한테 관심 있는 거 아니야?"

"설마. 하긴, 부해리 예쁘잖아. 김찬도 쟤 좋아하지 않아? 성격이 겁나 꼬였는데 역시 다 얼굴만 보는 듯."

"야, 들리겠다."

처음부터 이랬던 건 아니지만 다른 학과에 지우, 그리고 같은 학과에 김찬이라는 아이들 빼곤 나는 친구가 일절 없다. 그래서 그런지 지우와 김찬이 없으면 다른 세계에 혼자 떨어져 있는 기분이 들기 일쑤이다. 빌려온 고양이 마냥.

"해리야~"

가만히 앉아있는 나를 두드리며 말을 걸면 거의 김찬이다.

"뭐야. 오늘은 꽤 빨리 왔네."

"아침밥 먹었어?"

김찬이랑 일상적인 대화를 하다 보면 교수님이 들어오고 수업이 시작된다. 수업이 끝나고는 보통 셋이서 식사를 하러 간다.

"해리야, 지우가 오늘은 뭐 먹는대?"

"아, 나 약속 있어. 둘이서 먹어."

"뭐? 약속? 네가? 아, 아니. 누구랑?"

"간다."

"부해리!"

강의실 밖이 평소보다도 더 시끄럽다. 문을 열자 시서랑이 기다리고 있었다.

"서랑 오빠, 누구 기다려요?"

"서랑아, 나랑 금요일에 술 마실래? 내가 살게~"

모든 소리들이 시서랑 주위를 둘러싸고 있었다. 그러다 많은 소리들 속에서 시서랑과 눈이 마주쳤다.

"아, 끝났어? 일단 밥부터 먹자. 곡 완성 전까진 내가 밥 사줄게."

표지 관련 아니면 시간을 쓰고 싶지 않았지만 요즘 돈을 모으고 있어서 그냥 따라갔다. 시서랑은 생각보다 인기가 많은 것 같다. 남자든 여자든 모두가 시서랑과 내가 학교를 나갈 때까지 바라보았다.

시서랑이 데리고 간 식당은 학교 근처 덮밥집이었다. 지우와 김찬이 아닌 사람과의 식사가 얼마 만인지. 마침 지우한테서 전화가 왔다.

"부해리! 너 시서랑이랑 밥 먹으러 갔다며? 시서랑이랑 어쩌다 약속을 잡았어? 다들 난리야."

"어쩌다 보니."

옆에 김찬의 목소리도 들렸다.

"아니, 시서랑이랑 어딜 간 거야."

지우가 물었다.

"그럼 너 어디야?"

"나 밥 먹으러 왔어. 그, 덮밥집 있잖아. 밥밥이네."

"나 지금 찬이랑 가도 돼?"

뭐, 지우랑 시서랑이랑 친한 것 같으니.

"지우 알지? 지우랑 내 친구 여기 밥 먹으러 와도 돼?"

"아, 지우. 그래."

지우는 왜인지 오자마자 들뜬 표정으로 나한테 질문을 하기 시작했다.

"둘이 어떻게 같이 있어? 도대체 언제부터 접점이 있었던 거야? 아니지, 아침만 해도……"

내가 다른 사람이랑 있는 게 익숙하지 않은 장면이니깐. 시서랑은 웃으며 말했다

"밥이나 먼저 시켜."

김찬은 불만 가득한 표정이었다. 아무튼 그렇게 생각치도 못한 조합으로 식사 자리가 생겼다.

"해리야, 국물 더 마실래?"

같은 테이블이지만 지우는 시서랑과, 김찬은 나랑만 대화를 해서 모르는 사람끼리 먹는 기분이었다. 나는 평

소처럼 밥만 보며 식사를 했다.

　지우는 남자친구와의 약속이 있어 먼저 자리를 떴고, 김찬은 가라고 해도 고집을 부려서 셋이서 표지 얘기를 나누기 위해 카페로 향했다. 시서랑은 분위기를 풀려고 하는지 나에 대한 질문을 던졌다.

　"너는 어쩌다 그림을 그리기 시작했어?"

　더는 시간을 끌고 싶지 않아 결국 말을 했다.

　"표지 얘기만 하고 가고 싶은데."

　김찬은 우쭐한 표정을 짓고 시서랑은 머쓱한 표정을 지으며말했다.

　"아, 미안. 그럼 바로 표지 얘기를 해볼까…… 여름이 코앞이라 여름 바다 분위기가 나는 노래를 쓰려고 해. 아니, 이미 노래는 거의 완성이긴 한데! 아무튼, 청량한 바다를 그려주면 좋겠어!"

　김찬은 대화 중간중간에 계속 끼어들었다.

　"근데, 왜 해리한테 시켜요?"

　분명 시서랑한테 시비 거는 거였다.

　"에이~ 솔직히 해리 그림 받으려면 거액을 줘야 하는 거 아닌가?"

　김찬은 멈추는 법을 모른다.

　"혹시 해리한테 관심이 있어서?"

　"야, 김찬. 조용히 해."

　대화를 나누니 어떻게 그릴지 금방 구도가 잡혔다. 시서랑은 표지가 어디에서 쓰이는지도 설명해 줬다.

　"곡 표지, 내 SNS랑 버스킹 포스터 표지로도 쓰일 거야."

　종종 전시회나 행사에 그림 몇 개가 걸린 적은 있지만 내 그림이 누군가의 작품에 표지가 된다는 생각이 나쁘지 않았다.

　"응. 이제 이야기 끝났지? 오늘 밤까지는 보낼게."

　나는 상황을 마무리하며 자리에서 일어났다.

　"오늘? 오늘 밤?"

시서랑은 놀란 표정으로 말했다.

"응. 아, 늦으면 새벽이려나."

시서랑은 놀란 표정에서 걱정하는 표정으로 바뀌었다.

"그래도 열심히 그려주라. 내 첫 정식곡이란 말이야."

대충 그린다는 말로 알아들은 것 같다.

"해리, 모든 일에 진심이거든요?"

김찬이 말했다.

"나 원래 바다는 금방 그려. 최대한 열심히 그릴 거니깐 걱정하지 마."

나는 바다를 주로 그리기에 바다만 그리는 그림은 금방 끝낸다. 그제서야 안도하는 시서랑의 표정을 보고 집으로 왔다.

여름 바다. 사계절 바다 중 가장 밝고 푸른빛이 나는 바다. 시서랑의 첫 곡이니 더 밝은 푸른빛을 내어야 한다. 바로 그림 그릴 준비를 했다. 그때, 김찬에게서 전화가 왔다.

"해리야, 너 진짜 그려줄 거야?"

"그럼?"

"아니…… 너 원래 남 부탁 잘 안 들어주는데 갑자기 시서랑 선배한테…… 혹시 너도 시서랑 선배 좋아해?"

"김찬. 아니라니깐? 말했듯이 그림을 그려주는 대신에 나는 다른 걸 받잖아."

"알겠어. 무리하지 말고."

"그림을 얼마나 그렸는데. 별 걱정이야."

통화를 끊고 나는 곧장 캔버스에 바다를 쓱쓱 그렸다. 더 반짝이는 바다가 되도록 윤슬을 평소보다 더 가득히 채워 넣었다. 오랜만에 그리는 여름 바다. 여름이 오고 있다는 것을 느낀다. 나는 바다 그림을 그리며 계절의 흐름을 느낀다. 올해 여름 바다는 어떠려나. 완성된 시서랑의 표지는 내가 그린 여름 바다 중 가장 밝고 반짝였다. 푸른빛을 내며.

"아, 벌써 열한 시네."

11

시서랑한테 연락을 하니 전화가 왔다. 시서랑은 엄청 밝은 목소리로 말했다.

"아, 안녕. 벌써 다 그렸어?"

"응. 금방 그린다고 했잖아."

"고마워! 찍어서 보내줄 거야?"

난 시서랑의 말이 안 들릴 정도로 배가 고팠다.

"아, 배고파."

저녁을 안 먹었더니 허기가 졌다. 잠시만…… 내가 방금 무슨 말을 했나?

"응? 배고프다고? 설마 밥 안 먹었어?"

나도 모르게 말을 꺼내버렸다. 아니라고 말하려 하자마자 시서랑은 랩을 하는 것 마냥 말을 이었다.

"그림 그린다고 저녁도 안 먹었어? 아잇, 뭘 그렇게까지…… 감동이야. 아니지, 지금 나올 수 있어? 밥 사줄게."

"이 시간에? 괜찮……"

거절을 하려고 했지만 먹을 것도 없었다. 그림은 마르지 않아서 챙기지 못한 채 시서랑과 함께 밥을 먹으러 갔다. 알고 보니 시서랑은 우리 집 근처에 살고 있었다.

"아직까지 하는 식당이 있네."

"내가 자주 오는 곳이야. 연습이나 버스킹을 하다 보면 항상 늦은 시간이거든."

메뉴도 별로 많지 않은 작은 가락국수가게였다.

"라저씨, 저 왔습니다~"

"어, 그래…… 뭐야! 시서랑이 여자를 데리고 와?"

가게 아저씨는 드라마에 나올 법한 따뜻하고 친근한 아저씨 같이 생겼다.

"모둠튀김 두 그릇이나 빨리 주세요~ 저녁도 못 먹은 친구라고요~"

중간중간 적막이 흘렀지만, 나름 시서랑과 일상적인 대화를 하며 식사를 했다.

"왜 라저씨야?"

12

"아, 뭘 시켜도 다 라지 사이즈로 주거든."

"아하…… 재밌네."

정말 오랜만이었다. 점심과 같이 나는 평소에 지우나 김찬과의 식사가 아니라면 밥을 먹을 때엔 입을 잘 안 연다. 괜스레 대화가 마음을 편안하게 해주는 것만 같은 기분이 들었다. 아직 날이 추워서 그런 걸까. 가락국수 와 시시콜콜한 대화가 따뜻하게 내 몸을 녹였다.

"아, 배고프다고 그림도 안 보여줬네. 그림이 안 말라 서 폰으로 찍어 왔어. 여기."

시서랑은 내 그림을, 내 바다를 엄청나게 마음에 들어 하며 기뻐했다.

"내가 본 바다 중에 가장 예쁘다. 너무 고마워."

내가 보기에도 이번 바다는 마음에 들었다. 내 그림이 시서랑의 노래 이미지가 되는 거니 신경 써서 그렸다.

"그, 혹시 버스킹 보러 올 거야?"

"아, 내가 노래를 못 들어서."

"괜찮아! 마음 바뀌면 꼭 와줘. 아무튼 그림 다시 한 번 고마워. 진짜 마음에 들어."

오늘 밤은 따뜻할 것만 같았다. 하지만 집에 돌아오자 마자 따뜻해진 마음을 텅 빈 집 안의 차가운 공기가 억 눌러서 이내 마음이 미지근해지다 금세 차가워져 나는 또다시 차가운 공기 속에서 형체를 알아볼 수 없이 떠 돌았다.

"시서랑, 너 좋아하는 거 아니야? 내가 수상하다 했지? 백 프로 너 좋아해서 접근하려고 그런 거야."

다음 날, 어젯밤에 시서랑과 밥을 먹었다 하니 김찬이 난리가 났다.

"야, 걔가 들으면 얼마나 기분 나쁘겠어."

"둘을 응원합니다~"

"야, 이지우. 뭘 응원해? 해리야 안 돼. 알겠지?"

"그런 거 아니라니깐. 그리고 네가 뭔 상관이야."

셋이 대화하고 있는데 뒤에서 소리가 들렸다.

13

"와, 김찬에 시서랑? 양다리 걸치는 거야?"

"부해리 관심 없는 척 남자들 꼬시고 다닌다니깐."

학교엔 이미 소문이 퍼졌다. 어제 처음으로 시서랑을 만났을 때부터. 이성한테 관심 없던 그 둘이 만난다고. 내 입으로 말하긴 그렇지만 나도 학교에서 인기가 많다. 시서랑은 남자애들의 미움을 받고 나는 여자애들의 미움을 받는다. 사람한테 미움받는 건 쉬운 일이다.

"야, 어떡해. 나 부해리 작년부터 좋아했다고."

"난 입학하자마자 짝사랑했거든."

"한 번 물어볼까?"

"어. 너가 물어봐."

"저기, 해리야. 혹시 너 시서랑이랑 사귀는 거야? 아니면 썸 타는 사이?"

"그런 거 아니야."

아무런 잘못을 하지 않아도 그들 마음에 들지 못하면 미움받는 것이다.

"와, 그럼 그냥 갖고 노는 거야?"

"어휴, 그럴 줄 알았다니깐. 김찬 많이 힘들겠다."

그렇게 평소보단 조금 더 피곤한 하루를 보내고 하루 끝의 공원에서 시서랑을 만났다.

"여기."

"와~ 실제로 보니깐 더 예쁘다. 버스킹 끝나면 돌려줄게!"

"됐어. 첫 단독 버스킹이라며? 선물로 받아. 애초에 줄 생각이었어."

"헐, 진짜? 내가 받은 선물 중에 제일 마음에 들어! 아, 맞다. 네 부탁은 뭐야?"

이제 나의 제안을 걸 차례이다. 근처에 음악을 하는 사람이 없기도 하고 사실 못 찾을 것 같은 두려움에 갇혀 미루던 것. 나에게 모든 것을 바쳐 내게 푸른빛으로 남아준 사람을 찾는 것. 어려운 부탁이라는 걸 안다. 그깟 바다 하나 그려주고 부탁하기엔 염치없는 일이라는 걸 안다. 시서랑이 할 수 없는 일이라는 것도 안다. 하지만 이상하게 시서랑이라면 할 수 있을 것 같았다. 모순적이게도 나는 시서랑의 노래를 들어본 적도 없지만 말이다. 희망이라도 필요하다 싶어 괜히 애꿎은 시서랑한테 희망을 걸어본다.

"시서랑, 내 부탁은…… 우리 아빠를 찾아줘."

시서랑은 당황한 표정을 띠었다. 그리곤 진심 어린 걱정의 목소리로 답했다.

"너, 너희 아버지? 아버지가…… 사라지셨어? 실종이나 그런거야?"

[뱃고동]

"아니. 우리 아빠는 이미 돌아가신 상태야. 엉뚱하고 불가능…… 하다는 걸 알아. 그런데도 자꾸만 희망을 찾게 돼. 꼭 찾고 싶어. 우리 아빠의 노래를."

아빠는 내가 20살이 되어 대학교를 입학한 후 거의 바로 세상을 떠났다. 엄마는 5살 때 돌아가셨는데, 아빠는 힘들어도 나를 끝까지 지켜주고 밝은 모습만을 보여줬다. 어린 시절 아빠는 날 위해 노래를 선물해 줬는데 바보같이 기억이 나질 않는다. 노래를 들은 지 꽤 오래였다. 그러다 아빠가 떠났을 때 아빠의 목소리를 기억하려 아빠의 목소리를 더듬어 보다 아빠의 노래 존재가 생각났다. 목소리에 이어 그 노래를 더듬어 보다 음이 기억나지 않는다는 걸 깨달았다. 아빠의 죽음으로 인한 충격으로 잊은 건지, 오래 지나 노래가 내 귀 밖으로 흘러 빠져나간 건지는 모르겠지만. 그렇게 모든 걸 설명하진 않았지만 시서랑한테 나의 상황을 설명했다.

"그래서 아빠의 노래를 찾고 싶어. 시간이 더 지나면 아예 기억이 나지 않을 것 같아. 가사는 확실히 알아. 가사를 써둔 노트가 있어."

시서랑은 진지하게 나의 이야기를 듣다가 굳게 마음을 먹은듯한 표정과 목소리를 하고는 말했다.

"내가 꼭 찾을게! 너에게 너의 아버지를 꼭 찾아줄게."

고마웠다. 아빠를 찾아준다는 약속을 같이 해줘서. 이야기가 끝나고 오늘은 일단 집으로 돌아왔다. 그리곤 아빠의 사진을 오랜만에 꺼내 보았다. 아빠를 볼 자신이 없어서 아빠의 존재를 회피하고 있었다. 하지만 이젠 마주해야 한다. 내가 먼저 아빠를 마주해야 아빠를 찾을 수 있을 것 같았기 때문이다. 오랜만에 본 아빠는 밝게 웃고 있으며…… 어렸다. 고작 사십칠 세라는 나이에 죽음을 맞이했으니. 이제까지 다 괜찮은 줄 알았다. 아빠의 죽음을 이미 수긍하고 받아들였다고 생각했다. 하지

16

만 아니었다. 아빠를 보자마자 감정이 복받치고 눈물이
쏟아져 나왔다. 이젠 아무렇지 않을 거라고 생각했는데.
아무렇지 않게 지내왔다고 생각했는데. 하지만 아니었다.
나는 그저 아빠의 죽음을 끝내 받아들이지 못하고 도망
친 것이었다. 지금 생각하면 정말 회피, 그뿐이었다. 내
고향인 제주도도 아빠가 떠난 후에 한 번도 가지 않았
고, 바다도 보지 못했다. 그저 그림으로만 바다를 느꼈
다. 직접 바다를 볼 자신이 없었기에 대부분의 그림에
바다를 그려 넣었다. 보고 싶지만 보지 못해 그림으로라
도 바다와 아빠를 생각하고 보는 것이었다. 그게 내 방
법이었다.

"아빠…… 이제 마주해서 미안해…… 정말 미안해. 아
빠를 그 시간에 가두고 딸 소식은커녕 보지도 못하게
해서 미안해. 너무 두려웠어. 내가 아빠의 죽음을 받아
들이면 아빠가 죽는 걸 내가 인정하는 것만 같아서 그
게 너무 무섭고 두려웠어."

눈물이 계속 흘렀다. 하지만 입을 열었다. 지금이라도
아빠에게 내 소식을 알려주기 위해서.

"아빠, 난 잘 지내. 아빠가 떠나고 나서는 거의 그림
만 그렸어. 아빠가 주고 간 선물이야. 아빠가 그랬잖아.
네 그림은 정말 아름답다고. 나만의 푸른빛이 그림에 고
스란히 남는다고. 아빠 덕분에 그림을 계속 그려서 다행
이야. 그림이 없었다면 난 버티지 못했을 거야. 그림을
그릴 땐 아무 생각을 안 하고 그림에만 집중하거든. 나,
상도 탔다? 꽤 많이 받았어. 전시할 때도 내 그림이 제
일 많이 걸린다? 아빠 딸 잘하고 있는 것 같지?"

이제까지 아무렇지 않은 척, 좋아하지 않는 척했었다.
하지만 그림으로 상을 받을 때, 전시회에서 내 그림이
가장 많이 걸릴 때, 매 순간 아빠에게 자랑하고 싶었다.
아빠가 응원해서 시작한 그림으로 이렇게 인정받는다고.
별 건 아니지만 기뻤다. 아빠한테 잘하고 있다고 자랑할
수 있어서. 하지만 한 번도 아빠한테 말하지 않았다. 자

17

랑은커녕 아빠 사진조차 못 봤으니깐.

"친구는…… 솔직히 없어. 지우랑 김찬이랑은 계속 친구야. 음, 그리고 이번에 시서랑이라는 사람을 알게 되었는데 그 사람은 음악을 해. 아빠 노래를 찾아준대. 그리고……"

그렇게 나는 밤이 훌훌 흘러갈 만큼 아빠 앞에서 내 이야기를 들려줬다. 아빠와 대화하는 기분이 들었다. 생각보다 별거 아니었다. 왜 이제까지 아빠 앞에 서지 못했는지 의문이 들 정도로 한 번 이야기를 털어놓으니 계속 이야기를 이을 수 있었다. 물론 이 대화는 가는 말만 있고 오는 말은 없는 대화였다. 그래도 좋았다. 아빠는 존재만으로도 위안이 되었다. 동시에 아빠한테 미안함이 더 커지기도 했다. 밤새 난 실컷 울고 실컷 떠들었다. 오만 감정이 들었다. 너무나 슬퍼서 아프기도 했지만 시원했다. 날 잡아둔 두려움을 뿌리치고 아빠에게로 달려간 기분이었다. 오늘 밤은 유난히 따뜻했다. 날이 풀리려나.

아빠를 마주한 다음 날. 수업 시작하기 전에 잠깐 시서랑을 만났다. 시서랑은 어제와 달리 눈치를 보며 인사하고 말 수가 적어졌다. 나는 말했다. 드디어 아빠 앞에 섰다고. 그러자 시서랑은 표정이 밝아지더니 환한 웃음을 띠며 말했다.

"다행이다. 잘 됐네. 근데…… 너 그거 알아?"

시서랑은 혼자 웃기 시작했다.

"뭐."

"너, 어제 엄청 울었지? 얼굴 팅팅 부었어!"

시서랑은 더 깔깔 웃었다. 울었다는 걸 들키고 싶지 않아서 차가운 숟가락으로 마사지도 하고 나왔는데 아직 부기가 안 빠졌나 보다. 그런 시답지 않은 생각을 하곤, 나도 깔깔 웃었다. 그렇게 우리 둘은 엄청 웃어댔다.

"아, 웃겨. 근데 나 너 웃는 거 처음 봐. 애들도 너 입꼬리 올라간 거조차 본 적이 없다고 하던데. 이렇게 크

18

게 웃을 수 있었구나?"

갑자기 머쓱해졌다. 나도 이렇게 웃은 게 얼마 만인지, 너무 크게 웃었나. 뭐, 아무렴 어때. 난 지금 기분이 좋은 걸.

"왜? 웃는 모습은 별로야?"

"아니, 예뻐. 안 웃을 때보다 훨씬."

"그럼 앞으로 많이 웃을게."

참 신기하다. 삼 년 동안 이겨내지 못했던 것을 이렇게나 쉽게 이기고 웃고 있다는 것이. 용기조차 내지 못했었는데 어쩌다 이겨낸 건지. 그 생각을 하는데 눈앞에 시서랑이 보였다. 오묘하고 복잡한 감정이 들었다.

"왜 갑자기 멍 때려?"

"어? 아, 아니야. 빨리 수업이나 들으러 가."

"갑자기 보내네? 뭔데. 무슨 생각 하고 있었는데."

짧은 대화를 나누고 학교가 끝난 후에 다시 만나기로 했다.

카페에 도착하니 날 반기는 시서랑이 보인다. 시서랑은 입모양으로 인사를 건넸다.

'안녕.'

나도 괜히 입모양으로 인사를 받았다.

'응, 안녕.'

시서랑 앞자리에 앉아 노트를 내밀었다.

"우와, 네 그림 노트야? 엄청 멋있다."

"가장 뒤에."

아빠는 내가 서울로 올라오기 전에 나에게 그림 노트를 선물했다. 그렇게 노트를 잘 쓰던 어느 날, 그 노트에 그림을 그리다 가장 마지막 노트 뒤표지 안장을 보게 되었다. 그곳엔 아빠의 손글씨로 써진 가사가 있었다. 바로 아빠가 나에게 쓴 노래, 해파리. 반가운 마음에 곧바로 아빠에게 전화를 걸었다.

"아빠! 노트에 해파리 써뒀더라? 감동이야~ 이것도 꽤 오랜만이네."

"······"

"아빠? 여보세요?"

"어, 어. 어~ 아빠가 써뒀어. 공주, 잘 지내지?"

"우리 어제도 연락했잖아~ 당근 잘 지내지요."

"다행이다. 아빠가 오늘도 사랑해~"

그 전화가 마지막으로 나눈 아빠와의 대화였다. 더는 들을 수 없는, 아빠와 나의 마지막 순간.

"아, 이게 그 노래구나? 음, 가사가 진짜 좋네. 이렇게나 멋있는 노래를 선물받고! 좋겠는데?"

"응. 그래서 꼭 기억하고 싶어."

"근데, 해파리는 네 별명이야? 생각해 보니깐 너 이름이 해리잖아······ 그래서 해파리?"

나에게 노래를 불러주고 설명해 주던 아빠의 모습이 떠올랐다.

"해리야, 넌 아직 어려서 이 말이 뭔지 모르겠지? 단순히 해리라서 해파리로 정한 게 아니란다. 해리야, 해파리는 심장이 없대."

"심장? 아빠. 심장이 없으면 어떻게 살아. 그럼 죽어."

"하하, 그렇지. 똑똑한걸? 하지만 해파리는 심장이 없어도 바다를 떠돌아다닌대. 아빠가 보기엔 해파리뿐만이 아니라 심장 없는 사람도 많거든. 그저 안 보일 뿐이야. 차라리 해파리가 나은 셈이지. 해파리는 솔직하잖아. 사람은······ 사람은 그냥. 그냥 안 보이게 숨기는 것뿐이야."

"우리도 심장 없어?"

"아빠는 해리가 있어서 심장이 있지요~ 사람도 해파리처럼 떠돌다가 심장을 채워주는 사람을 만나 거처를 찾는 거지. 그래서 해리 이름이 해리란다? 진정한 해리만의 거처를 찾기 위한 바닷길. 그게 해리인 거야."

그땐 아빠의 말을 이해할 수 없었다. 하지만 이젠 알 것 같다.

"아니. 아직 거처를 못 찾아서 해파리인 거야."

"뭐?"

시서랑은 엉뚱한 표정을 했다. 그게 괜히 웃겨서 계속 웃었다. 아빠가 보던 나의 모습도 저랬겠지?

"자자, 어디 한 번 실력 발휘 좀 해볼까? 가사에 맞는 멜로디를 찾아야겠네."

카페 안에서 기타를 칠 순 없어서 공원 벤치에 앉아 멜로디를 찾기로 했다. 따뜻한 햇볕, 포근히 나를 안는 바람, 시서랑의 기타 소리. 따뜻한 봄과 무더위의 여름 그 사이의 계절. 그림으로만 계절을 느꼈었는데. 참 좋다. 내가 계절을 느끼는 동안 시서랑은 멜로디 하나를 찾았다.

"가사가 슬픈 것 같아서. 발라드 느낌인데 들어봐. 나의 해파리야~ 너의 바다가 되게 해주렴~ 너의……"

"아니야."

멜로디를 잘 모르지만 이건 확실히 아니었다.

"음, 조금 신나는 멜로디였던 것 같네."

"아, 신나는…… 잠시만."

시서랑은 기타를 띵띵, 가사를 흥얼흥얼하며 멜로디를 찾아갔다. 마법 같았다. 똑같은 멜로디를 찾을 순 없어도 오로지 가사만을 보고 멜로디를 만들어 간다는 게.

"자, 해볼게. 나의 해파리야~ 너의 바다가 되게~"

"아니야. 아빠는 이렇게 높게 못 불렀어."

그렇게 시서랑은 계속해서 멜로디를 만들어 내고 들려주고를 반복했다. 결국 못 찾고 이른 저녁을 먹으러 갔다. 식사를 하며 멜로디와 관련된 걸 찾기 위한 대화를 했다.

"아버지가 이 노래를 어디서 만드신 건지 알아?"

"바다. 바다로 가서 이 노래를 쓰고 만들었을 거야. 아빠는 대부분 바다에서 시간을 보냈거든."

"바다…… 바다라. 바다를 가볼까?"

시서랑은 나에게 바다를 가자고 했다.

"바다를 가면 멜로디가 떠오를 수도 있어. 노래는 장

소의 영향을 많이 받으니깐. 그 노래를 만든 장소를 가면 너희 아버지처럼 그 멜로디를 떠올릴 지도?"

그렇게 갑자기 시서랑과 다음 주말에 바다를 가기로 했다. 멜로디도 찾을 겸, 시험 전에 놀기 겸으로.

"바다를 가기로 했다고?"

"뭐, 어쩌다가……"

"해리, 지우 하이~"

"야, 찬아! 해리가 시서랑이랑 바다를 간대!"

"뭐?"

"노래 찾으려고 가는 거야."

김찬은 말리는 수준이 아니라 화를 냈다.

"야, 넌 시서랑이랑 무슨 사이도 아닌데 그렇게 바다를 간다고? 심지어 단둘이? 그 사람을 잘 아는 것도 아니잖아. 위험하면 어쩌게? 아니, 어쨌든 가지 말고. 그리고……"

"이제 적당히 좀 해."

김찬은 고등학교 일 학년 여름방학이 끝난 후 이 학기에 우리 학교로 전학을 왔다.

"자, 전학생 김찬이다. 자기소개 한 번 해봐라."

"아, 음."

"부끄럽니?"

서울에서 제주도로 전학을 온 김찬은 모든 학생의 관심을 가지게 되었다. 전학을 왔다는 것만으로도 큰 관심을 가질 수 있는 데다가 서울에서 왔고, 잘생겼고, 키크고, 공부를 우리와 비교할 수 없을 만큼 잘했다. 그러니 모든 학생이 관심을 가질 수밖에. 하지만 우리는 김찬에 대해 아는 것이 오랫동안 없었다. 우선 김찬의 목소리는 거의 한 달 동안 듣지 못했다. 김찬이 처음으로 한 말은.

"으아아악!"

이건 김찬의 목소리……라고 할 수 있으려나. 아무튼 김찬이 처음으로 소리 낸 이유는 벌레였다. 그 후론 또 다시 비명조차 듣지 못하였다. 우리를 너무 피해서 선뜻 다가가기도 어려웠다. 쉬는 시간이면 김찬은 항상 운동장 나무 밑에서 쉬었다.

"덥지도 않나?"

"서울에서 와서 더위에 강하나?"

"뭐래."

담임 선생님은 반장인 내게 부탁을 했다. 김찬을 잘 챙겨달라고. 김찬은 어느 때와 같이 나무 밑 벤치에 누워 눈을 감고 쉬고 있었다.

"저, 저기. 안녕."

김찬은 천천히 눈을 떴다. 그리곤……

"예쁘다."

이게 김찬의 첫 말이다.

"어? 아, 내가 예쁘긴 하지? 고마워~"

김찬은 곧장 도망갔다. 그래도 중간고사가 끝난 후로 점차 우리 셋은 친해지게 되었다.

"그만하라고? 그만하라는 말이 나와? 해리야. 이건 아니야. 어떻게 그 사람이랑 바다를 간다는 거야. 너 바다 안 간지도 오래잖아."

"그만하라고. 바다 가는 게 큰일이야? 무슨 일이 생기는데. 내가 알아서 한다니깐 저번부터 왜 그래? 분명히 말했다. 넌 내 남자친구도 아니고 서로 좋아하는 사이도 아니야."

김찬은 내 말을 듣곤 그때처럼 도망갔다. 김찬이 나를 예전부터 좋아했다는 걸 안다. 지금까지 좋아하고 있다는 것도 안다. 한 톨의 희망도 주지 않고 적당히 친구 사이를 지켜왔었다.

"부해리. 나 너 좋아해."

"미안."

"그래."

김찬의 첫 고백은 금방 끝이 났다. 하지만 김찬은 그 후에도 여러 번 나에게 고백을 했다.

"사랑해."

"나 아직도 너 좋아해."

"생각해 보고 답해 줘."

"보고 싶다."

그렇게 김찬은 다섯 번째 고백으로 멈췄다. 내가 아빠와 이별하지 않고 예전처럼 학교를 다녔다면 더 했을 거라고 확신한다. 김찬은 아직도 날 좋아하니깐. 날 좋아해서 내가 힘든 순간에서 고백하지 않고 기다리고 있는 거다.

"김찬 쟤도 진짜 대단해. 사 년째 너만 보고 있는데?"

"나도 답답해. 여지를 준 적이 없는데 계속 좋아하니 어떻게 해야……"

수업이 끝나고 집에 오자마자 잠에 들었다. 전화가 와서 아주 짧은 잠이 되었다.

"여보세요."

"해리야……"

"낮술이냐. 전화 말고 빨리 집에나 가."

"너는, 너는. 너는 내가 왜! 내가 왜…… 싫어?"

"싫어하는 것도 아니고 사랑하는 것도 아니니깐 친구로 지내는 거지."

"너무해…… 날 거절하는 사람은! 너 밖에! 없어!"

"좋겠네. 곱게 들어가서 일찍 자라."

"여기…… 어디야."

"그걸 왜 나한테 물어. 하, 어디야."

"누구여? 이 청년 애인이여?"

"네? 누구세요?"

"식당 아줌마지. 빨리 데리고 가세요. 이렇게 젊은 사람이 서럽게 우는 거 처음 보네."

결국 김찬을 데리러 갔다. 데리러 가면 혹시나 여지를 주는 거 아닐까 싶어 고민했다.

"야, 일어나."

"으음, 으응? 해리?"

24

"아, 빨리. 너 좋다고 온 거 아니니깐. 근데 무슨 바람이 들어서 네가 소주를 마셨냐."

김찬은 잘 사는 집안이다. 김찬의 몸 건강이 안 좋다고 해서 쉴 겸 제주도로 이사까지 온 것이었다.

"서울은 어때?"

"뭐, 여기도 공부는 힘들겠지만 확실히 서울보단 여유로운 분위기야."

"거리에서 예쁜 옷 많이 팔아? 난 패션학과 가는 게 꿈이야!"

"뭐, 많이 팔지?"

그렇게 미래에 대한 꿈을 말하던 우리는 금방 성인이 되었다.

"아니, 그냥 마시라고."

"싫어. 절대 안 마셔."

"아니, 내가 샴페인을 못 마시게 했냐? 소주 맛을 한 번만 느껴 보라고."

김찬의 별명은 왕자. 실제로도 왕자 대우를 받긴 하지만…… 그래도 미움받는 대상은 아니었다.

"다 가졌는데! 왜, 왜! 왜 너만 못 가져?"

"하…… 버리고 가기 전에 빨리."

시서랑은 식당 바닥에 누워서 목이 빠져라 울었다. 이렇게 우는 건 나도 처음 봤다.

"아이고, 아가씨. 빨리 데리고 나가세요. 곧 손님들 오실 시간인데."

"죄송합니다. 야, 너 지금 안 일어나면 나 다시는 너 안 볼 거야."

그렇게 겨우 김찬을 데리고 나왔다. 김찬이 나를 좋아하는 건 알았지만 이 정도인 줄은 몰랐다. 왕자님이 좋아하는 시골여자 때문에 식당 바닥에 누워 행패를 부릴 줄이야. 내가 김찬에게 더 해줄 수 있는 건 없었다. 그저 김찬의 마음이 식을 때까지 기다리는 것뿐.

"잘 참다가 터졌구나~"

"아니, 김찬은 왜 날 좋아하는 거야. 자기 좋다는 여자애들이 널리고 널렸는데."

"예쁘지, 성격 좋지, 열심히 살지. 이 년 내내 완벽한 반장이었는데 안 반하기가 쉽지 않지."

"그때랑 같냐고."

"근데, 웬만하면 말 안 하려고 했는데. 너랑 찬이. 그리고 시서랑까지 지금 학교 게시판에서 난리 난 거 알아?"

"한두 번도 아니고~ 완전 여름에 소낙비 같은 애들이잖아. 그냥 내버려둬~"

"그렇긴 한데…… 우리 학교 인기 남녀 셋이 한배를 타고 올라와서 난리 난 수준이 아니야……"

"또 뭔데."

"못 읽겠다. 읽고 싶으면 보내줄게. 네가 봐."

이번에는 확실히 파급력이 있었다. 게시판 내용이 다 우리 셋의 내용이었기 때문이다. 내용은 뻔했다.

'어제 김찬이 부해리한테 까이는 걸 봤다니깐요?'

깔 걸 받지도 않았다.

'혹시 부해리 시서랑이랑 만나는 건가요? 아니면 김찬이랑 만나는 건가요?'

아무도요. 더는 읽을 필요가 없는 글들이었다. 애초에 이런 것도 글이라고 표현할 수 있는 걸까.

"괜찮아. 이게 뭐라고."

그 순간, 조회 수가 엄청난 글이 보였다.

'딱 내가 정리해 줌. 우선 부해리가 사랑받는 이유는 그냥 하나임. 단순한 경쟁이랄까. 시서랑, 김찬 둘 다 잘 나가는데 부해리한테는 관심을 못 받잖아. 그러니깐 갖고 싶어지는 거임. 김찬은 고등학생 때부터 부해리를 꼬셨었는데, 거기에 시서랑이 껴서 방해하는 거고. 그러다가 누가 먼저 부해리를 갖느냐! 이걸로 경쟁이 붙은 거고. 결국에 우리가 더 몰입한 이 사랑에는 진실된 사랑은 없다~ 뭐, 이런 말임.'

무슨 개똥 같은 소리인가 싶었다.

"이런 글에 이렇게나 관심이 많다고?"

"댓글. 댓글 봐……"

댓글을 보는 순간 바로 이 글이 왜 조회 수가 터졌는지 알아챘다.

'꺼져. 별 거지 같은 파리들이 꼬여선. 나 부해리 진짜 사랑하거든? 시서랑도 꺼져라.'

"이거 김찬이 남긴 거 맞아?"

"김찬 술 마셨다며. 이거 남기고 곯아떨어진 것 같아. 시서랑한테서는 연락 왔어?"

"아니. 시서랑도 이런 거 딱히 신경 안 쓰는 사람이지 않아? 어휴, 김찬 이런 모습 보면 아직도 고등학생 같아."

김찬이 고등학생 때는 중학생 같았다. 항상 지우랑 내가 챙겨 주었다.

"아니, 어떻게 강아지풀을 몰라? 서울 애라서가 아니라 그냥 네가 바보인 거 아니야?"

"아, 아니거든. 그냥 밖을 잘 안 나가서……"

"어휴. 비빔밥도 제대로 못 비벼? 아니 그냥 대충 숟가락으로 이렇게 섞으라고. 섞어."

김찬은 비빔밥도 제대로 못 비빌 정도로 약했다. 아주 많이. 그리고 학교와 학원에서 배우는 공부 외엔 아는 것이 별로 없었다.

"김찬!"

평소와 같이 학교에서 평화롭게 보내던 평일 오후였다. 그때 김찬은 갑자기 쓰러졌다. 평화로운 학교에 사이렌이 다가오기 시작했다.

"김찬! 왜 그래! 김찬!"

"해리야! 지우야! 진정하고 반 가서 애들 지도 좀 해 주고 있어."

선생님의 말은 들을 수가 없었다. 우리가 진정하지 못하는데 누구를 진정하라고 지도할 수 있겠어. 그렇게 지

27

우랑 나는 그냥 무작정 뛰어서 응급차를 따랐다.

"김찬! 괜찮아?"

"야…… 너네 왜……"

그 빠른 응급차를 달리기로 따라간다고 뛰다 결국 지우와 나는 넘어져 피까지 났다. 그날은 김찬도 아팠고 지우와 나도 아팠다. 하지만 우리 셋은 하나같이 웃었다. 청춘은 그 어떤 고통도 웃음으로 넘길 수 있는 시절이다.

[유리병 편지]

"바다……."

얼마 만에 가는 바다인지. 바다를 직접 가서 본 게 삼 년이 넘었다. 예전에는 생각만으로도 두려웠는데 이젠 기대로 가득 찼다. 조금 과하나 싶지만 예쁘게 꾸민 후에 시서랑과 함께 부산으로 향하는 기차를 탔다. 생각보다 세 시간이라는 시간은 빨리 지나갔다. 창문으로 바다가 보이니 기분이 이상했다. 내가 가장 좋아하는 공간, 풍경, 배경. 왜 이제서야 찾은 걸까. 학교 MT나 약속을 잡을 때도 항상 바다를 멀리했다. 지난 삼 년이 아쉬워지기까지 했다. 이렇게 예쁜 공간에서 추억을 더 남겼었으면 좋았을 텐데. 앞으로라도 자주 와야겠다고 생각했다.

"어때? 네 공간에 온 기분이."

"내 공간…… 응, 좋아. 날 찾은 것 같은 기분이 들어."

"잘 됐네. 그럼 널 찾았으니 아버님도 찾아야지! 우선 밥부터 먹고~"

시서랑은 웃는 게 참 예쁘다. 바다 말고 어떤 것을 보고 예쁘다고 생각해 본 적이 많이 없다. 하지만 시서랑의 웃음은 윤슬보다 더 반짝였다.

"아, 배부르게 잘 먹었다. 어? 저기 액세서리 같은 거 파시는 건가."

바다가 보이는 길거리에 어떤 할머니께서 직접 만드신 것 같은 액세서리를 팔고 계셨다. 다른 건 살 마음이 들지 않았는데 한 목걸이가 내 눈에 들어왔다.

"어, 이거 예쁘다."

"아이고~ 아가씨, 보는 눈이 있어? 이 목걸이 참 예쁘지? 바다의 보물 진주에 아기자기하니 예쁜 조개를 넣어서 만들었어요~"

"오, 이거 예쁘긴 하다. 나도 사고 싶은데 하나만 있네. 너랑 어울려."

"넌 줄 짧아서 안 들어갈걸~ 이거 주세요."

그렇게 진주 줄에 조개가 가운데에 걸려 있는 목걸이를 구매하고 바다로 향하려 발을 돌렸다.

"청년도 곧 살 수 있을 것 같수~"

"네?"

"호호, 아니야. 보기 좋구먼."

바다가 코앞에서 보이는 곳에 돗자리를 깔고 앉았다. 오랜만에 느껴보는 모래는 아주 작고 까슬까슬하면서도 부드러웠다. 모래를 만지고 있었는데 시서랑의 기타 소리가 들렸다. 그리곤 시서랑의 노랫소리가 들려왔다.

"너의 바다가 되게 해주렴. 너의 전부가 되게~ 너의 마음이 되게~ 너의……"

"어때? 조금은 비슷해?"

"아니, 전혀."

"뭐야. 근데 왜 말도 안 하고 계속 듣고 있어."

아빠의 멜로디는 아니었다. 하지만 듣기 좋았다. 따갑지 않고 따뜻하기만 한 햇볕과 기분을 좋게 해주는 시원한 바람. 그리고 가장 중요한 풍경. 바다를 보니 눈을 뗄 수가 없었다. 출렁이는 물결, 모래와 부딪히는 파도, 내가 좋아하는 반짝이는 윤슬. 그 아름다운 풍경은 시서랑의 노래가 귀에 편안하게 앉도록, 계속 듣고 싶도록 만들었다. 아니, 그냥 시서랑의 노래는 편안하고 날 안아주는 듯했다. 공원에서는 오랜만에 듣는 노래라 괜히 부끄럽다고 해야 할까. 괜히 어색해서 시서랑의 노래를 바로 끊었지만 사실 집에 와서 시서랑의 노랫소리를 되짚어보았다. 이제 생각해 보니 난 아빠가 떠난 후로 노래를 듣지도 흘리지도 않았다. 노랫소리가 들리면 그 자리를 피할 정도로 노래를 싫어하게 됐다. 하지만 이 바다 앞에선 나도 모르게 시서랑의 노래를 아무렇지 않게 듣고 있었다. 시서랑은 참 신기하다. 오랜 시간 아파하던 것들을 짧은 시간 동안에 다 아물게끔 해주었다. 아빠도, 바다도, 노래도, 내 마음도.

"언제 완성하려나. 오늘은 꼭 찾아주고 싶은데."

바다와 하늘이 푸른빛에서 주황빛을 띠는 그때까지, 노을이 다 지고 어두운 빛이 띨 때까지 멜로디를 만들고 듣고를 계속해서 반복했다. 역시 가사만으로는 무리였던 것 같다. 하지만 듣는 내내 행복했다. 시서랑이 다시 멜로디를 만드느라 기다리는 시간 동안에도 행복한 기분이 나를 가득 채웠다. 시서랑이 멜로디를 찾지 못할 것 같아도 기다리는 게 전혀 지치지 않았다. 조금은 아빠에게 미안하지만…… 어느새 내 머릿속은 아빠의 멜로디를 찾을 수 있을지가 아니라 시서랑이 또 얼마나 좋은 멜로디를 만들까만 떠돌았다. 아빠의 노래를 찾기 위한 다음 계획은 없었다. 하지만 내 행복을 위한 계획이 생겼다. 시서랑의 버스킹을 보러 가는 것. 시서랑의 노래를 계속 듣고 싶어졌다. 사람이 많은 곳. 특히나 노랫소리가 들리는 버스킹 공간은 가장 피하던 공간이었지만 꼭 가고 싶어졌다. 많은 생각을 하다 보니 따뜻하던 바람은 어디로 가버리고 추운 바람만이 바다를 휩쓸었다.

"안 추워?"

시서랑은 자신의 겉옷을 벗고 나에게 덮어 주었다.

"괜찮은데…… 넌 안 추워?"

"괜찮긴. 너 떨고 있는데. 저녁밥 먹고 다시 올까?"

"좋아."

바닷가 바로 앞에 있는 식당에 들어와 따뜻한 칼국수를 먹었다. 그때의 가락국수보다 더 따뜻했다.

"추우면 바다로 다시 가지 말고 카페 같은 곳으로 들어갈까? 기타 없이 조용히 부르면 괜찮을 것 같은데."

"난 괜찮아."

"그럼 다시 바다로 가자."

시서랑은 다시 힘을 내서 멜로디를 만들었다.

"으음……"

차가운 바람이 얼굴에 닿고 있었지만 분명하게 따뜻

31

한 온기가 느껴졌다.

"따뜻해……"

눈을 천천히 감았다 떴다를 반복했다. 눈을 아무리 감고 떠봐도 내 앞엔 바다가 출렁이고 있었다. 앞에 있어도 사라지지 않는지 확인하고 싶어서 눈을 계속 깜빡였다. 아무리 깜빡여도 그대로 있었다. 내가 바다에 온 게, 내가 바다를 다시 볼 수 있다는 게, 내가 다시 바다 앞에 있다는 게 꿈이 아니라는 사실에 안도했다. 좋은 소리가 흐른다.

"너의…… 바다가……"

천천히 소리 내는 기타 소리와 노래의 형체가 아니지만 듣기 좋은 시서랑의 목소리가 맴돌고 있었다.

"좋다……"

"응? 깼어?"

"응…… 계속 들려줘."

"어? 아, 그래. 이번에 만든 멜로디는 이제까지 만든 멜로디 중에 가장 좋은 것 같아. 너의 바다가 되게 해주렴. 너의 전부가 되게 해주렴~ 너의 마음이 되게 해주렴. 너의 심장이 되게 해주렴. 나의 모든 걸 바쳐 너에게 주게 해주렴. 너에게……"

삼 년 동안 나는 내가 바쁘게 보내서 그런 건 줄 알았는데 나는 항상 불완전한 상태였다. 얼마 만에 느끼는 안정적인 느낌인 건지. 내 상태가 완전함으로 바뀐 것 같았다. 그렇게 바다를 하염없이 보며 시서랑의 노랫소리를 들었다.

"어때? 조금이라도 비슷해? 어? 다시 자?"

"아니…… 좋다."

그러다 문득 정신이 번쩍 뜨였다. 나 지금 어디에 기대고 있는 거지? 나는 벌떡 일어났다. 그리곤 시서랑의 턱과 내 머리가 부딪혔다.

"악, 아파…… 괜찮아? 왜 갑자기 벌떡 일어나."

이제야 정신이 들었다. 나는 졸다가 시서랑 어깨에 기

대 자고 있었고 시서랑은 내가 자고 있는지 확인하다 내 머리가 갑자기 들이닥치는 바람에 턱을 박았다.

"으악! 미안, 미안해. 깨우지. 턱 박은 것도 미안하고 ……"

하지만 시서랑은 또 환하게 웃으며 말했다.

"괜찮아, 괜찮아. 곤히 잠들어서 움직이지도 않았어. 턱도 괜, 좀 아프긴 하네~"

저 웃음. 아무한테나 이 윤슬을 보여주는 걸까. 다들 시서랑을 좋아한다는 이유가 이거인 걸까.

"뭐야. 왜 그렇게 빤히 쳐다…… 봐."

"예뻐서."

"뭐, 뭐? 아, 뭐. 내가 좀 예쁘게 생기긴…… 했지. 그래서 방금 멜로디 어때?"

생각해 보니 우리 아빠 노래는 시서랑 노래보다 훨씬 퀄리티가 좋지 않았다. 아빠의 멜로디에 비해 시서랑의 멜로디는 풍부했다. 그래서 못 찾던 것 같기도 하다. 그리곤 다시 바다를 보는데…… 떠올랐다. 완전한 멜로디는 아니지만 희미하게 기억이 나기 시작했다. 아빠는 이 곡을 아무도 없는 밤바다 앞에서 나에게 처음 들려줬었다. 돗자리도 없이 그냥 아빠 무릎에 누워 거의 잠들기 직전에 바다를 보면서 아빠의 노래를 들었었다. 그때처럼 지금도 우리 둘만 이 밤바다 앞에 있었다.

"잠시만. 아, 기억이 날 것 같은데…… 너…… 너의……
……"

"계속. 계속 불러봐."

"너의~ 바…… 다가 되게 해주렴~ 너의…… 전부가 되게 해주렴. 너의……"

노래라고 할 순 없지만 기억을 더듬으며 아빠의 멜로디를 찾아갔다. 시서랑은 엄청난 집중 상태로 내 멜로디를 들으며 기타를 치기 시작했다.

"좋아. 이게 분명해."

시서랑은 기타를 치면서 가사를 읊었다. 그 순간 엄청

33

난 기대감이 몰려왔다. 드디어 들을 수 있는 걸까? 아빠의 목소리가 아니더래도 좋다. 그저 아빠가 나에게 써준 노래를 듣기 만이라도 한다면……

"자, 들을 준비는 되셨나요?"

정말 듣는 걸까. 이렇게 금방? 삼 년 동안 아무리 생각해도 떠오르지 않던 걸 들어본 적도 없는 시서랑이 들려준다고? 괜한 확신일까 다시 두려워졌다.

"확실히 맞는다고 생각해?"

"그럼요~ 나 시서랑이야. 그 정도 멜로디만 들어줘도 안다고. 자자, 이제 들어야지?"

"잠시만."

나는 다급하게 폰을 켜 영상 촬영을 시작했다. 시서랑은 나와 한 번 눈을 맞추곤 노래를 시작했다.

"나의 해파리야. 너의 바다가 되게 해주렴. 너의 전부가 되게 해주렴. 너의 마음이 되게 해주렴. 너의 심장이 되게 해주렴. 나의 모든 걸 바쳐 너에게 주게 해주렴. 너에게 푸른빛으로 남는다면 더할 나위 없이 행복할 거야. 너에게 반짝이는 윤슬로 남는다면 더할 나위 없이 감사할 거야. 한껏 안아주렴. 네가 사랑하는 것, 네가 좋아하는 것, 너의 세상을 안아주렴. 그것만 해도 괜찮아. 하물며 아무 생각 없이 떠돌아다녀도 괜찮아. 그러다 너의 심장을 채우지 못한다면, 내가 채워주게 해주렴. 그러면 너는 네가 채울 거처를 찾으렴."

디리링. 기타의 마지막 소리에 노래는 끝이 났다. 듣는 내내 눈물을 멈출 수 없었다. 기억난 멜로디. 멜로디가 기억나지 않았지만 확신할 수 있었다. 아빠가 나에게 써준 노래임이 분명했다. 웃기게도 시서랑이 이제까지 들려준 멜로디에 비해선 정말 형편없는 멜로디였다. 나는 눈물을 흘림과 동시에 웃으며 말했다.

"미안. 이렇게 간단한 멜로디라고 말을 할걸. 이제까지 들려준 멜로디 중에 가장 간단한 멜로디네."

"아니. 이전에 너한테 들려준 멜로디들보다 훨씬 가사

에 잘 맞아. 아, 나도 눈물 나려고 하네. 아버지가 널 사랑하시는 게 너무 잘 느껴진다. 참……"

시서랑한테 고마운 일들이 파도처럼 한 번에 몰려 나에게 부딪혔다. 이걸 어떻게 해야 보답할 수 있을까. 아빠 앞에 다시 서는 것, 내가 다시 파도 앞에 서는 것, 내가 다시 아빠의 노래 앞에 서는 것. 다 불가능하다고 생각했는데 나는 시서랑 덕분에 그것들 앞에서 단단히 설 수 있었다. 아무래도 내 노력이 부족했던 점이 컸겠지. 도망치는 것만 했으니. 더 간절하게 바라고 용기를 냈다면 더 빨리 아빠 앞에 설 수 있었을 텐데. 그래도 시서랑이 없었더라면 불가능했을 것이다. 나는 진심을 담아 감사 인사를 표했다.

"정말 고마워. 덕분에 우리 아빠를 이렇게 빨리 찾았어."

"아니야. 내가 찾은 것도 아니고 네가 네 기억 속에서 너희 아버지를 찾아낸 거지."

정말 행복했다. 아빠가 떠난 후의 날들 중에 가장 행복했다. 마음이 가벼워 둥둥 떠다니고 있는 것만 같았다. 차가운 공기 속에서 형체 없이 떠도는 것이 아니라 온전한 내가 뚜렷하게. 너무 행복해서 눈물이 난다는 게 이런 거구나. 웃는 것과 동시에 눈물은 끊이질 않았다.

"아이고, 웃는 거야? 우는 거야? 자자, 집 갈 때는 눈물 없이 가야지! 이렇게 빛나는 바닷가에 이게 빠지면 섭섭하지~"

시서랑은 언제 가져왔는지 가방 속에서 폭죽 세트를 꺼냈다. 아빠랑 많이 했던 거다. 나의 바닷가는 단 한순간도 빛나지 않았던 적이 없었구나. 아빠는 어두운 밤바다마저도 빛나게끔 폭죽으로 어둠을 없애고 반짝임을 만들어 선물해 주었었다.

"나도 오랜만인걸…… 자, 받아."

시서랑은 폭죽 중 스파 클라를 꺼내 나에게 준 뒤 라이터를 꺼내 빛을 불어 넣어줬다.

"와, 진짜 오랜만이야! 아빠랑 가장 많이 하던 건데. 자! 시서랑, 내가 뭐라고 하는 건지 맞춰봐!"

나는 빠른 속도로 스파 클라를 돌려 글자를 만들었다.

"보여? 악, 팔 아파. 빨리 맞춰."

"기역…… 야, 이걸 어떻게 맞춰."

불꽃 하나로 시서랑과 함께 크게 웃었다. 점점 불꽃이 사그라 들기 시작했다. 돌리는 건 그만두고 남은 불씨까지 모두 사그라들 때까지 가만히 지켜보았다. 그러다 시서랑을 쳐다봤다. 그 눈엔 불꽃이 담겨 반짝였고 입은 은은히 따뜻한 미소를 보였다. 불꽃보다 더 예쁜 모습이었다. 시서랑은 내 눈길을 알아챘는지 내 쪽을 보다가 나와 눈이 마주쳤다.

"아까, 아까 열심히 돌리던 글. 그거 뭐였어?"

"고마워."

"어?"

"이미 말했지만. 너무 고마워. 진심이야. 이렇게 고마운 감정이 든 것도 얼마 만인지. 시서랑, 너는 나의 아빠도 찾아줬지만 내 감정들도 찾아줬어. 잠들어 버린 내 감정들을 나도 깨우지 못했는데 네가 깨워낸 거야."

"에이. 뭘 그렇게까지……"

시서랑의 표정은 말과 다르게 미소를 감추지 못하였다.

"내가 어떻게 해야 보답을 할 수 있을까?"

"무슨. 나보다 어린애한테 뭘 받겠어요~"

"와, 이젠 어린애 취급까지 하는 거야? 너무한데?"

"한 살 차이여도 어린애는 어린애지~"

그 순간 나는 뭔가 잘못된 걸 느꼈다.

"너, 너. 너 나랑 동갑이잖아. 뭔 한 살 차이야……"

"엥? 너 스물셋. 나 스물넷. 내가 오빠잖아."

"너 삼 학년이잖아…… 일 년 늦게 들어온 거……야?"

"갑자기 왜 몰랐던 것처럼 말…… 너 내 나이도 몰랐

36

어?"

"네가 말했던 적이 없었잖아. 아니, 그래서 너…… 아니, 선배? 엥?"

"정말 날 몰랐구나…… 염치없지만 다 나 알던데."

날 놀리고 있는 건지 진실인지 알 수 없었다. 분명 지우도 반말했었는데. 아, 그만큼 가까운 사이였던 건가. 내 머릿속은 물음표로 가득 찼다.

"진짜야? 진짜 나보다 한 살 많다고?"

"응. 아니 진짜 몰랐다고?"

"근데 왜 이제까지 말 안 했어? 내가 처음부터 반말…… 심지어 이름으로 불렀는데?"

"그냥 이런 애구나? 뭐라고 할까. 그냥 딱히 존댓말 들을 필요도 없었고, 먼저 말 놓으면 편하게 대하는 애라고 생각했지. 어쨌든 뭐, 이 학교에선 네가 선배이기도 하잖아?"

"야, 나 그렇게까지 예의 없는 사람은 아니거든? 요?"

시서랑은 크게 웃곤 말했다.

"아, 처음엔 너 조금 무서웠는데 너 진짜 웃기다. 됐어, 이제 와서 존댓말 해서 뭐해."

시서랑은 날 어떻게 봐왔던 거지. 하긴, 불과 며칠 전만 해도 지우랑 김찬 외엔 모든 사람에게 기본적인 답만 하고 차갑게 굴었으니.

"자, 떨어져 있어!"

시서랑은 불꽃이 다 떨어지고 새로운 폭죽인 불꽃 분수를 꺼내 불을 붙여 또 하나의 불꽃을 피웠다. 그리곤 나에게로 달려왔다.

"으악, 터진다!"

시서랑은 내 옆에 자리를 잡고 우리 둘은 불꽃을 보며 환하게 웃었다. 빛이 뿜어져 나오는 모습을. 바다 앞에서 보는 불꽃은 밤의 윤슬 같았다.

"예쁘다."

"어때? 오빠가 준비한 선물. 선물이라기엔 너무 작지

37

만?"

"아니. 너무 마음에 들어. 고마워. 아빠도, 이 빛들도."

시서랑은 입꼬리를 올리곤 말했다.

"나도 고마워. 처음이야. 내가 가진 능력으로 남을 도와준 거."

시서랑의 꿈은 뭘까? 노래로 나처럼 세상을 잃은 사람들에게 다시 한번 세상을 안겨주는 것? 불꽃은 금세 꺼졌다. 폭죽이 꺼지면 언제 그랬냐는 듯 다시 조용하고 어두운 바다로 바뀐다. 하지만 시서랑은 또다시 빛을 꺼내 들었다.

"이번엔 연발 폭죽이야!"

폭죽은 연달아 불꽃을 뿜어냈다. 폭죽은 시끄러웠지만 폭풍 같던 내 마음은 잔잔해졌다.

"자, 이제 마지막이야."

시서랑은 내게 폭죽을 쥐여주고 불꽃을 불어 넣어줬다. 펑.

"으악!"

이번 폭죽은 내 손에 쥐여진 폭죽에서 불꽃이 하나하나 터져 나왔다. 불꽃이 하나씩 나올 때마다 나의 고민들이 같이 날아가 사그라드는 것 같았다. 그다음엔 내 소망이 담아져 나왔다. 다시 바다를 와봐야지, 제주도를 가볼까? 할머니를 뵈러 가야겠다, 지우랑 김찬이랑도 바다를 와야겠다, 그동안 안 들었던 노래를 들어볼까? 그리고 마지막 한 발. 시서랑의 버스킹을 보러 가야겠다. 고민을 생각할 땐 불꽃이 사라지면서 내 고민까지 같이 사라지는 것만 같았다. 하지만 소망을 생각하며 불꽃을 볼 땐 불꽃이 언젠간 다시 피어나 좋은 소식을 전할 것만 같이 소망을 향해 떠나가는 것 같았다. 더할 나위 없이 반짝이는 하루였고, 이 바다에 내 눈물을 모두 흘려보낸 것 같이 후련했다. 다시 이 바다를 보러 시서랑과 함께 오고 싶었다. 다시 이 바다에서 시서랑의 노래를 들으며 바다를 하염없이 쳐다보며 하루를 보내고 싶었다. 백화요란이었던 하루이다. 너무나 반짝이고 행복해서 이렇게 반짝이는 하루가 또 기다리고 있을까라는 생각이 들었다. 그렇게 바다와 작별을 하고 집으로 돌아왔다. 그리고 그날 밤에 아빠를 만났다.

"딸."

"아빠?"

"딸, 잘 지내고 있는 것 같네?"

"당연하지. 아빠 딸인데 잘 안 지낼 수가 있나."

"아빠가 미안해. 딸, 지금까지 아빠를 찾아 줬으니 이젠 너를 찾아."

"응?"

"우리 딸 다 컸네. 이젠 해파리가 아닌 것 같은데?"

"그게 무슨 소리야."

"심장이 채워졌잖아. 이젠 거처에 머물러 쉬기만 하면 돼."

"아빠?"

"딸, 너무 고맙고 미안해. 아빠는 엄마를 만났어. 우리 둘과 그리고 너. 모두 행복에 이르렀어. 딸도 항상 행복해. 아빠 보여준다고 항상 꾸미지 않아도 돼. 항상 괜찮은 척, 울지 않으려고도 하지 마. 가끔은 노력하지 않고 쉬기만 해도 괜찮아. 다 괜찮아. 알겠지? 너무너무 사랑해."

눈물을 흘리며 잠에서 깼다. 이제까지 아빠는 꿈에서조차 모습을 보여준 적이 없었다. 내가 아빠를 회피해 꿈에서조차 나올 수가 없었던 걸까.

핸드폰을 켜보니 시서랑한테서 연락이 와있었다. 영상이었다. 영상을 트니 기타를 치는 시서랑의 모습이 보였다. 그리곤 노래가 시작됐다. 해파리였다. 나는 다시 침대에 누워 눈을 감고 노래를 감상했다. 영상이 끝나고 노래가 멈추면 다시 틀었다. 이번에는 시서랑의 기타 치는 모습을 보며 노래를 감상했다. 그렇게 여러 번 반복해 듣고 있는데 전화가 울렸다.

"여보세요?"

"영상 봤어? 어때?"

"고마워. 아침부터 선물을 받았네. 음, 보답이라도 할까. 저녁에 시간 괜찮아?"

"저녁? 응!"

그렇게 시서랑과 저녁 약속을 잡았다. 약속 자체를 잘 안 잡던 내가 먼저 약속을 잡다니. 그것도 지우, 김찬이 아닌 사람과. 내가 생각해도 한순간에 내가 바뀌었다는 걸 느꼈다. 아니지, 바뀌었다는 표현보단 다시 돌아왔다는 표현이 맞을 것 같다.

약속을 잡고 나는 SNS에 들어갔다. 그림 기록용, 지우랑 연락하는 용도로만 써서 잘 들어가진 않았다. 오랜만에 돋보기를 눌렀다. 돋보기의 모습은 마치 물음표로 보였다. 한동안 물음을 갖지 않던 내가 물음표로 가득 찼다고 보여주는 것만 같이. 나는 검색창에 시서랑을 쳤다. 기타 치는 모습을 하고 있는 시서랑 사진의 프로필이 보였다.

"어라?"

계정을 눌렀더니 맞팔로우라는 글이 떴다. 시서랑은 이미 내 계정을 알고 있었을뿐더러 팔로우까지 하고 있었다. 언제부터지? 맞팔로우를 하고 시서랑이 올린 게시물들을 봤다. 내가 남을 염탐하다니. 시서랑의 사진이 꽤나 많았는데 대부분 연습실이나 축제 무대를 하고 있는 모습이었다. 최근에는 바다를 간 사진이 많았다. 바다를 바탕으로 곡을 내서 간 것 같았다. 올라와 있는 노래 영상들을 하나하나 들어보았다. 듣기 편한 음색이었고, 자작곡은 더욱더 좋았다. 나도 모르게 안 듣던 노래를 듣고 있었다.

"연습실에서 있다 온 거야?"

"응! 배고파~"

최근엔 지우, 김찬보다 시서랑과 밥 먹는 날이 많아졌다.

"아, 맛있어. 배고파 죽는 줄 알았어! 아, 맞다. 너 팔로우 받았더라?"

"응? 아, 응. 뭐……"

시서랑은 신난 것 같은 표정을 지었다. 나도 기분이 좋았다. 밥 먹는 일이 이렇게 즐거웠었던가. 맛있는 음식에 소소한 이야깃거리가 곁들여진 식사였다. 식사를 끝내고 이대로 가긴 아쉬워 카페로 향했다.

"우리 바다 가서 찍은 사진 올려도 돼?"

"상관없어. 아, 맞다. 나 오늘 꿈에서 아빠 나왔다? 한 번도 나온 적 없었는데."

"헉, 진짜? 무슨 내용인데?"

"그냥, 뭐. 행복해라 같은 말? 그리고 이젠 내가 해파리가 아니래."

"해파리가 아니라고? 그게 무슨 뜻이지?"

"해파리는 심장이 없거든."

"진짜? 아, 들어본 적 있는 것 같다. 그럼 이제 심장이 생겼다는 건가!"

시서랑은 킥킥 웃었다. 꿈에 나온 아빠는 진짜 아빠 같았다. 말 하나하나에 아빠의 진심이 느껴졌다. 나는 집으로 돌아와 SNS에 내 바다 그림이 아닌 진짜 바다 사진을 올렸다.

[작은 물결]

빛나는 주말이 가고 평일이 왔다. 지우는 날 보자마자 내게로 달려왔다.

"야! 너 난리 났어."

"뭐가?"

"애들이 나한테 계속 너랑 시서랑 무슨 사이냐고 물어본다니깐?"

그렇구나. 그래서 저렇게 날 평소보다 더 빤히 쳐다보고 있구나. 어떤 아이들은 화난 표정으로, 어떤 아이들은 짜증 난 표정으로, 어떤 아이들은 그냥 호기심의 표정으로 날 쳐다보았다. 관심 갖기 좋아하는 저들이 가만히 있을 리가.

"야. 네가 물어보라니깐."

"아, 싫어. 가위바위보로 정하자."

"악! 저기, 너 시서랑이랑 무슨 사이야?"

그때 시서랑이 나타났다. 내 앞에 있던 많은 사람들은 모두 시서랑한테 몰려선 묻기 시작했다.

"시서랑! 요즘 왜 연락 안 봐? 부해리랑 무슨 사이인데?"

"아, 내가 버스킹 준비를 하고 있어서 바빠졌어. 그리고 부해리랑은……"

네가 생각하는 우리 사이는 뭔데? 친구 정도는 되려나? 나도 궁금해져 자리를 뜨지 않고 괜히 답을 기다렸다. 그러자 시서랑은 나를 쳐다보곤 말했다.

"음~ 같이 바다 본 사이?"

그걸 왜 그렇게 대답해? 내가 들어도 친구 이상 사이는 될 것 같은 답변이었다. 역시나 다들 난리를 쳤다. 답을 듣고 그제야 나는 지우랑 조용히 상황을 벗어나 각자 강의실로 향했다. 이때까진 누구한테 가장 큰 영향이 갈지 생각하지 못했다.

"하, 꺼지라고."

"김찬!"

이번 소문의 결말은 김찬이 부해리한테 대차게 차였다라고 지어지고 있었다.

"아, 넌 또 여기 왜 오는데. 빨리 가."

역시나 다들 김찬을 둘러싸고 헛소리를 지껄이고 있었다.

"야, 너희 적당히 해. 이번 소문에 김찬이 무슨 상관인데?
하여튼, 너희 오지랖 좀 그만 부려. 지겹다."

다들 내 말에 당황했다. 나는 소문이 돌 때 단 한 번도 그만하라는 둥 화를 낸 적이 없었기 때문이다.

"김찬, 나가자. 여기서 왜 이런 소리 듣고 있는데."

그러자 옆에 있던 여자애 중 한 명이 나에게 따진다.

"야, 부해리. 내가 참다 말하는 건데, 김찬이나 시서랑 중 한 명을 택하던가. 김찬이 너 때문에 얼마나 비참하겠냐? 넌 네가 뭐라도 되는 것 같지?"

"하, 그냥 너네가 얘네 눈에도 못 들어가서 괜히 질투하는 걸 내 탓으로 돌리지 마. 그리고 김찬이 왜 비참해? 남 얘기만 하는 너네가 비참하지."

할 말을 다하고 김찬과 학교 도서관 앞 벤치에 앉아 잠깐 얘기를 나눴다.

"왜 가만히 듣고만 있어."

"뭔 상관이냐."

"뭐? 김찬."

"솔직히 네가 안 나서도 됐잖아. 괜히 나서서 글 더 올라오게 생겼네. 넌 신경도 안 쓰냐? 네가 이럴수록 얘들은 다 네가 남자 갖고 노는 애라고 말하고 다닌다고."

"사실도 아니잖아. 내가 너희 둘 중 한 명이라도 갖고 논 적 있어?"

"시서랑, 좋아하는 거 맞지?"

"어. 좋아해. 솔직히 말하면 그냥 네가 날 좋아하는 거지, 내가 너한테 여지 준 적 있냐?"

"알아. 그냥 내가 좋아하는 거. 그러니깐 밖에서 나 아는 척하지 말고 시서랑한테나 가. 나 때문에 괜히 너 소문 도는 거 싫으니깐."

그냥 소문일 뿐인데 왜 그러느냐고 물으니 김찬은 크게 한숨을 쉬곤 자리를 떠났다. 나는 기말고사 때문에 지우가 있는 도서관으로 향했다. 복잡한 생각이 들었지만 지우랑 열심히 공부를 하니 조금씩 잠이 몰려왔다. 주말 내내 놀아서 그런지 피곤했다. 그렇게 잠들기 직전에 누군가 내 볼을 찔렀다.

"안녕~"

시서랑이다. 시서랑은 내 귀에 대고 속삭였다.

"졸린 것 같은데. 잠깐 나갈까?"

지우를 봤더니 지우는 이미 자고 있었다. 나는 고개를 끄덕이고 자리에서 일어났다.

"아, 답답했는데 나오니깐 속이 시원하네."

시서랑은 내게 따뜻한 라테를 쥐여주곤 말했다.

"그럴 줄 알고 내가 빼왔지~ 공부 많이 했어?"

"한참 남았지. 아, 한참 남았어요."

"존댓말 안 써도 된다니깐. 아무튼, 파이팅. 저녁은 먹었고?"

"이제 지우 깨워서 밥 먹고 다시 와야죠."

"좀만 자라고 내버려 두자."

아직 여름은 아닌지라 일교차가 심해 저녁은 추웠다. 하지만 시서랑이 준 라테로 따뜻한 휴식을 보낼 수 있었다. 시간이 흐른 후에 지우가 일어나 셋이서 저녁밥을 먹었다. 식사가 끝난 후에 시서랑은 연습실로 가고 지우와 나는 다시 도서관으로 돌아왔다. 머릿속이 여전히 복잡했지만 시험기간이 끝나면 볼 버스킹이 기대되어 더 열심히 했다.

도서관에서 나오니 아까보다도 더 캄캄한 밤이 되었다. 도서관 앞에선 시서랑이…… 자고 있다? 시서랑은 도서관 앞 의자에서 자고 있었다. 지우는 시서랑을 깨웠다.

"야, 시서랑! 일어나!"

"음, 으음. 어? 끝났어?"

"왜 여기서 자고 있냐?"

"아, 해리한테 할 말이 있어서……"

"와, 진짜 둘이 뭐 있는 거야? 해리야, 나 서운해? 진짜 뭔데~"

"뭐래. 할 말이 뭔데?"

"아, 작업 끝나서 노래…… 들려주고 싶어서……"

그때, 지우의 남자친구가 왔다.

"오빠!"

"지우야~ 해리 안녕! 아, 안녕."

지우의 남자친구는 시서랑과 동갑으로 선배이다.

"응, 안녕."

"석훈 오빠랑 시서랑이랑 아는 사이였어요?"

"아, 그냥 인사 정도만? 너희 둘, 요즘 애들 입에서 연예인보다 많이 올라오는 이름인 거 알지? 난 응원해~"

"오빠! 왜 그런 소리를 해. 둘이 알아서 잘한다고. 미안~ 먼저 갈게!"

그렇게 지우는 버스킹에서 듣는다며 떠났다. 우린 처음으로 함께 멜로디를 찾던 공원 벤치에 앉았다.

"생각해 보니깐 노래 제목도 모르네. 노래 제목이 뭐예요?"

시서랑은 기타를 꺼내며 말했다.

"파랑. 잔물결과 큰 물결이라는 뜻을 갖고 있어서 우리 삶을 표현하는 또 다른 단어 같달까?"

"오, 좋은데? 지금 네 파랑은 어떤 상태인데? 아, 인데요?"

"지금은…… 잔잔한 상태이지 않을까. 딱히 별일도 없고? 문제 없이 잘 흐르고 있는 것 같아. 너는?"

"음, 나는 오히려 요즘 물결이 크게 치고 있는 것 같아. 걱정과 불안으로 가득찼을 때가 오히려 잔잔한 상태

45

였던 것 같고. 물결이 아무 파도도 만들지 않은 상태로 있었으니깐. 근데, 지금은 내가 물결을 만드는 것 같아. 기대가 생겼달까. 전보단 행복할 것 같아서."

"와, 뭐야?"

나도 모르게 말을 많이 했다. 괜히 머쓱해서 시서랑을 재촉했다.

"아, 빨리. 안 들려줄 거야?"

시서랑은 웃으며 말했다.

"아, 알겠어. 크흠. 뭔가 떨리네……"

시서랑은 기타를 치기 시작했다. 언제 들어도 듣기 좋은 연주이다. 시서랑이 치는 기타 소리를 감상하다 보면 시서랑은 입을 열어 파랑을 만든다.

"내 파도에 물결을 일러. 넌 내 파도에 잔물결을 일렀다가도 큰 물결을 일러. 네 물결에, 네 파도에 휩쓸리고 싶어. 아니, 이미 휩쓸리고 있는 것 같아."

시서랑은 또 한 번 내 바다에 큰 물결을 만든다.

"여기까지! 나머지는 버스킹에서 들어! 버스킹 올 거지?"

"어? 아, 응. 갈게요. 노래 좋다. 빨리 다 듣고 싶네."

"진짜? 부해리한테 칭찬도 받고 열심히 작업한 보람이 있는데~ 앞자리 비워둘 테니깐 이지우랑 꼭 앞으로 와. 알겠지?"

"응. 근데 내 그림을 보고 곡을 썼다 했잖아. 내 그림에서 무슨 영감을 받은 거야?"

"아, 네 그림엔 여러 바다가 있잖아? 또 그 여러 바닷속에서 다 다른 모습의 물결들이 담겨져 있고. 그걸 보고 영감을 받았달까…… 같은 바다더라도 항상 다른 물결이 흐르잖아. 그게 우리가 살아가는 모습이랑 똑같게 느껴지더라고. 네 바다에 있는 물결들이 네 이야기를 나타내는 것 같기도 하고. 그래서 잔물결과 큰 물결을 뜻하는 파랑을 주제로 쓰게 된 거야."

내 그림을 보고 누군가 이런 생각을 할 거라곤 생각

하지 못했다. 생각해 보면 정말 내 그림엔 내 이야기들이 담겨 있는 것 같다. 우울할 때 그렸던 바다, 그리운 마음이 드는 날 그렸던 바다, 조금은 기분이 좋았던 날 그렸던 바다. 내 바다 그림들은 같은 바다이지만 다른 모양새였고 가지각색의 이야기들을 담은 바다들이었다. 이제야 알아챘다. 정말 나는 나한테 관심이 없었나 보다.

어느덧 시간이 흐르고 시험이 끝났다. 항상 아무 생각 없이 공부하고 시험을 봤었지만 이번 시험기간은 달랐다. 시서랑의 노래도 함께였고 이번에는 잡생각도 많이 들었다. 시험이 끝나면 집에서 잘 생각만 했었는데 이번엔 시험이 끝나면 뭘 할지 생각까지 해뒀다. 지우와 김찬과 바다에 놀러 가는 것. 된다면 시서랑도 함께. 맛집도 가보고 쇼핑도 하고. 그리고 버스킹을 보는 것. 버스킹은 시험이 끝난 후 다음 주였다. 오늘은 그냥 지우랑 아무 생각도 하지 않고 노는 것이 계획! 시서랑도 시간이 맞으면 같이 가려고 했지만 바쁜 몸이고, 김찬은 그 후로 나와 지우를 피해 다녔다. 그렇게 지우와 같이 택시를 타고 놀 곳으로 이동했다. 밥을 먹기엔 조금 이른 시간이라 카페를 먼저 갔는데 시험이 끝나서 그런지 기분도 너무 좋고 카페 창문 너머로 보이는 풍경이 아름답게 느껴졌다. 바다가 아닌데도 그려보고 싶다는 생각이 들었다. 지우랑 시시콜콜한 대화를 하며 시간을 보내다 술집을 갔다. 지우는 술을 잔뜩 시켰다.

"야. 부해리. 나 요즘 너무 행복해."

술에 취하기 시작한 지우가 말했다.

"응? 뭐가?"

"진짜 행복해. 너무, 너무…… 네가 돌아와서 다행이야."

지우가 그 말을 한순간 멈칫했다.

"솔직히 나도 말을 못 했지만 나 너무 외로웠다고! 너랑 찬이랑 같이 바다 보던 게 어찌나 그립던지! 네가 저번에 바다 보러 가자고 했을 때 왜 대충 대답하고 화장실 간 줄 알아?"

나는 아무 말 없이 지우의 말을 듣기만 했다. 그냥 입이 안 열렸다.

"나…… 그때 화장실 가서 울었어! 가장 듣고 싶었던 말을 삼 년 만에 들으니깐 얼마나 기쁘던지. 너랑 같이 가서 보려고 본가 갈 때 빼곤 한 번도 바다 보러 간적 없어. 근데, 우리 해리…… 얼마나 힘들었니? 응? 너무 궁금하고, 물어보고 싶고, 옆에서 응원하고 싶은데 기다리는 것 외엔 아무것도 못하겠더라. 미안해…… 그래도 나 최선을 다한 거 알지?"

엄청난 죄책감과 눈물이 흐르기 시작했다. 아빠만 내 시간 속에 가뒀다고 생각했는데 나는 지우도, 김찬도 내게 소중한 모든 사람들을 그 시간 속에 가둬두곤 회피했구나. 정말 너무 미안해서 눈물만 쏟아져 나왔다. 아빠는 적어도 시간이 흐르지 않은 곳에 있다. 하지만 지우는 아니었다. 지우도 나와 같은 시간을 거닐고 있었다.

"해리야…… 꼭. 꼭 행복하게 지내. 알겠지? 다신 그러지 마. 알겠지? 난 네가 그만 아팠으면 좋겠단 말이야"

"응…… 꼭 그럴게. 미안해."

회피하는 것이 아무도에게 피해를 주지 않을 방법일 거라고 생각했다. 그게 최선의 방법이라 생각해서 항상 회피만 했었는데 아니었구나. 다시 생각하니 지우, 김찬이 내 곁에 남지 않았다면 난 버티지 못했을 것이다.

"야! 이지우! 나 진짜 간다?"

"아아, 미안해! 나갈게!"

나는 지우와 아주 어릴 때부터 하루도 빠짐없이 함께 시간을 보냈었다. 지우는 항상 아침부터 바빴다. 꾸미기를 좋아하는 아이라 같은 교복을 입어도 지우는 다른 모습이었다. 지우는 같은 여자가 봐도 정말 사랑스러운 아이다. 겉모습만 신경 쓰던 아이라면 보기 싫을 수도 있지만 지우는 내면까지 가꿀 줄 아는 사랑스럽고 반짝이는 아이였다.

"짜잔! 어때?"

"지금 늦게 생겼어. 빨리 오기나 해."

지우랑 걷던 등굣길과 하굣길엔 바다가 보였다. 학교 안에서도 바다를 볼 수 있었다. 등굣길은 잔잔한 아침 바다, 학교에서 보던 바다는 낮의 햇볕을 받아 윤슬이 반짝이는 바다, 하굣길은 어둡지만 찬 공기가 기분 나쁘지 않고 답답하던 우리의 속마음을 한 번에 씻겨 내주어 기분 좋은 밤바다. 우린 매일 바다를 보며 지냈었다. 그리고 김찬이 전학을 온 것이었다.

"김찬! 흑돼지 알지? 유명한 고기! 빨리 먹어봐."

"서울에도 있는데."

우린 이곳에 온 김찬을 위해 제주도의 모든 것을 느끼게 해주었다. 우리뿐만 아니라 동네 사람들 모두가 김찬을 챙겼었다.

"아이고~ 찬아. 뭐하멘? 우리 지금 아침밥 먹으려고 핸. 할망이 맨도롱한 보말 가수기해 줄게. 먹엉 가라."

김찬을 위해 어른들은 사투리까지 점차 고쳐 나가셨다. 김찬은 그렇게 우리와 어울려졌다. 하지만 잘 지내다가도 김찬은 가끔 화를 내기도 했다.

"안 먹는다니깐요! 알아서 먹을게요."

"아, 진짜. 아무것도 모르면서."

하지만 아무도 김찬을 미워하지 않았다. 김찬은 아팠으니깐. 어릴 때부터 병에 시달리던 김찬은 단지 몸만이 아니라 마음 안까지 아팠다. 그렇게까지 예민하게 구는 날은 전부 병원을 가는 날이었다. 그러다 차갑던 김찬이 어느 날 밤바다 앞에서 지우와 나에게 울며 말했다.

"제주도, 오길 참 잘한 것 같아. 몸도, 마음도 다 너무 편안해지고 있어."

김찬의 거처는 제주도였을까. 아무튼, 우린 속마음까지 털어놓을 수 있는 친구였다. 우린 이렇게나 아름다운 추억들로 이어져 있고, 항상 서로의 일이 가장 중요하고, 항상 서로의 곁에 있었다. 결국 지우와 껴안으며 펑펑 울었다. 술집에서 이런 사람 보면 주책이다 싶었는데 내가 이러고 있다니. 그렇게 울다 지우는 말했다.

"근데…… 너 시서랑이랑 무슨 사이야?"

"어, 응. 뭐?"

"내가 보기에도 둘이 뭔가 있는데. 너 시서랑 만나고 이렇게 밝아졌잖아. 난 둘이 응원해. 어울리기도 하고…… 무엇보다 너를 돌려준 사람이잖아. 시서랑 진짜 좋은 오빠야. 알지?"

"알지."

"그래서, 좋아해?"

잠시 답을 고민했다. 난 시서랑을 정말로 좋아하는가? 물론 김찬 앞에서 덜컥 좋아한다고 말했지만…… 나한테 물었다. 그 물음은 부정할 수 없는, 회피할 수 없는 질문이 되어 돌아왔다. 나는 아무래도 시서랑을 좋아하고 있었던, 좋아하고 있는 상태이다.

"나만. 나만 좋아하는 거야."

내 생각과 달리 나도 모르게 좋아하는 감정이 생기는 것. 김찬도 이랬겠지. 그렇게 지우와 이야기를 나누면서 울고 웃고 난리도 아니었다.

"응? 뭐야?"

어제 지우와 늦게까지 이야기를 나누다 우리 집으로 왔다.

"나 지금 너네 집에 있는 거야? 나 어제 잠들었어? 아니 그것보다……"

나와 보던 바다와 마찬가지로 지우는 우리 집도 삼 년만이었다. 항상 밖에서 만나거나 지우, 김찬 집에서만 만났었다.

"와, 감격이다. 너 진짜 많이 바뀐…… 아니, 돌아온 거 알지? 다행히 잘 살고 있었네……"

지우는 또 울었다. 내가 집을 안 보여줘서 완전히 피폐하게 살고 있진 않을까 걱정했었다고 한다. 실컷 울고 지우랑 아무 걱정 없이 놀고 있으니 학생 때로 돌아간 것 같았다. 이미 시간이 너무 흐른 것 같아 죄책감, 후회감이 몰려왔지만 여기서 내가 할 수 있는 것은 다신 시간을 낭비하지 않는 것이었다. 그런 생각을 하고 있었는데 지우가 말했다.

"시서랑, 음료수나 사다 줄까?"

"시서랑? 어딨는데?"

"밴드 연습실에 있겠지?"

그렇게 우린 깜짝 이벤트라고 해야 할까. 아무튼, 말 없이 시서랑을 만나러 가기로 했다. 우선 시서랑에게 줄 음료를 사러 갔다.

"음, 그냥 누구나 마실 아이스 아메리카노가 낫겠지?"

"시서랑 커피 못 마셔. 딸기 라테 좋아해."

"진짜? 생각해 보니 커피 마시는 건 본 적이 없네. 오, 역시~"

어쩌다 보니 시서랑의 입맛까지 알아버렸구나. 그렇게 음료를 사들고 학교 밴드 연습실에 갔다. 창문으로 기타를 치고 있는 시서랑의 모습이 보였다.

"짜잔! 우리 왔지!"

"아, 안녕."

"뭐야? 정말 서프라이즈네~ 해리도 와주고 뭐야?"

지우는 옆에서 키득키득 웃었다.

"시서랑, 해리가 곡 짧게 들려줬는데도 엄청 좋았다고 하던데. 기대한다?"

"야, 그런 걸 왜 말해."

그렇게 짧은 수다를 떨고 시서랑의 연습을 위해 우린 연습실을 나왔다. 그런데 지우에게서 연락 하나가 와있었다.

'지우야, 김석훈 유미나랑 있는데?'

지우의 친구가 이 메시지와 함께 사진 하나를 보냈다. 사진 속에서 지우 남자친구인 석훈 선배가 지우의 친구 중 한 명인 유미나라는 여자애와 손을 잡고 걷고 있었다.

"뭐야? 이거 석훈 오빠 맞아?"

지우는 멘붕에 빠져 나에게 계속 되물었다.

"아."

공원 벤치에 앉아있는 두 사람이 보였다.

"어디 봐?"

지우는 그 모습을 보고 굳은 상태가 되었다. 나는 곧장 달려가서 둘의 머리채를 잡았다.

"악! 뭐야!"

"꺄악! 오빠!"

"누구야! 해, 해리?"

생각지도 못한 일이 생기고 이 일 뒤에 지우와 바다를 보러 갔다. 아, 김찬도.

"김찬은 아직 안 왔네. 근데 너 괜찮은 거 맞아?"

"안 괜찮을 건 뭐야. 몰라~ 생각 안 할래~"

기차가 오기 직전에 김찬이 도착했다.

"김찬, 언제까지 그럴 거야?"

김찬은 모자와 후드티, 검은 마스크까지 거의 변장을 한 모습으로 나왔다. 김찬 성격으론 이런 상황에 절대 밖을 안 나오겠지만, 약 이 년 만의 바다이기에 김찬도 나올 수밖에.

"김찬. 신경 쓰지 마."

우리가 처음 본 그때처럼 김찬은 한 마디도 하지 않았다. 처음에는 분위기가 어색했지만 기대감에 분위기가 점점 풀어졌다.

"와…… 우리 이거 타면 바다로 가는 거야?"

"가자."

기차에 타는 순간부터 기대감은 점점 부풀었다. 일찍 바다로 출발했기에 창문으로 바깥 풍경을 보며 아침밥을 먹었다. 물론 김찬은 안 먹었다. 그래서 마스크 내린 모습조차 볼 수 없었지만 분명하다. 김찬은 은은한 미소를 띠고 있다.

"헐! 바다다!"

보인다. 우리 셋이 마주할 바다가. 시서랑과 올 때와 또 다른 느낌이었다. 기차에 내려 바로 바다로 향했다. 건물 사이로 보이는 바다. 어떻게 보면 그냥 물이 모여 있는 것뿐인데, 이리 설렐 수가 있나. 모래밭을 건너 바다에 닿는다. 우리 셋은 어릴 때로 돌아간 것 마냥 신발과 양말을 벗어던지곤 바닷물에 발을 담근다.

"아, 차가워!"

지우와 내가 크게 웃는다. 김찬도 모자 때문에 생긴 그림자 안에서 분명하게 웃고 있었다.

"아, 너무 행복해. 우리가 다시 바다에 와있다니."

지우의 눈물은 바닷물에 섞여 알아볼 수 없게 바닷물과 뒤섞였다.

"괜히 나 때문에…… 옆에서 묵묵히 기다려 줘서 고마워."

우리가 지금 흘리는 눈물이 행복함의 눈물이라 다행이다.

"뭐, 얘네는 맨날 울어."

김찬도 우는지 말하는데 목이 잠겼다. 그렇게 우린 바다를 실컷 즐기고 파라솔 밑에서 도시락을 꺼냈다.

"아이스박스에 넣어서 아직도 시원해~"

고등학생 때 오전 수업만 한 날이 있었다.

"오늘은 오전 수업만 있다."

"아, 선생님~ 왜 지금 알려 주세요? 어제 도시락 싸오라고 하셔서 도시락 싸려고 새벽에 일어났는데."

어떤 아이가 투덜거린다.

"그럼 넌 남던가."

오전 마지막 수업 끝을 알리는 종이 울린다.

"진짜 괜히 싸왔네. 집에서 라면이나 먹는 건데."

나의 투정에 지우가 말한다.

"이렇게 된 거! 바다에서 먹을까? 어때?"

"밖에 더운데…… 그래."

"김찬! 너는?"

"알겠어."

한 여름낮에 바다는 눈을 못 뜰 정도로 눈부셨다. 그리고 무지 더웠다.

"야, 겁나 더워."

"이게 낭만이지~"

"더워 죽을 낭만."

투덜거려도 우린 가방에서 통신문을 꺼내 돗자리 삼아 바닥에 깔고 앉아 도시락을 먹었다.

"와, 김찬. 너 누가 싸주셨냐?"

"아주머니가."

"무슨 도시락이 소고기에 새우에…… 자, 그럼 내 도시락을 공개하겠습니다~ 흐트러질까 봐 엄청 조심했다고~"

"오, 이지우 도시락 왜 이렇게 귀여워?"

"훗. 열심히 쌌지. 다음 순서 해리의 도시락은 과연?"

고급스러운 김찬의 도시락, 귀여운 지우의 도시락 다음 내 도시락은……

"푸하하, 이거 뭐냐?"

내 도시락은 지우처럼 캐릭터 모양 주먹밥이 든 도시락이었는데 아주 못생겼다.

"김찬이 만들어도 이것보단 잘 만들겠다!"

내 도시락은 김찬까지 웃게 만들었다.

"우리 아빠는 왜 옛날부터 내 도시락에다가 실험을 하는 거지?"

"아, 아빠가 만들어 주셨어?"

"어. 그냥 밥에 소시지나 넣어주지."

"와~ 어쩐지 미적 감각이 느껴지더라."

"아…… 맞아. 멋있어."

"됐어. 먹자."

말은 이렇게 해도 엄청난 공을 들인 아빠의 도시락이 마음에 들었다. 아빠는 모든 것이 서툰 편이었지만 하나같이 내 마음에 쏙 들었다. 서로 도시락을 나눠 먹고 간

54

식 도시락을 꺼냈다. 간식도 다 다르게 생겼다.

"와! 망고? 열대 과일은 김찬이 다 먹고 있었네~ 자! 그럼 내 거!"

"오~ 빵 맛있겠다. 과일이라면 나도 자신 있어! 우리 아빠가 얼마나 잘 깎는지 알지."

"당연…… 헐. 무슨 과일 모양이 토끼에, 별에……"

과일 깎기 만큼은 아빠가 제일이었다.

"우와! 토끼 모양 사과다!"

"공주, 맛있게 먹어~"

"근데 아빠는 과일을 왜 이렇게 잘 깎아?"

"응~ 지금은 아니지만 해리 엄마가 과일을 너무 좋아해서 깎아 주려고 엄청 연습했었어~"

엄마라는 사람은 아빠한테 얼마큼의 사랑을 받았었을까? 아빠랑 바다도 많이 왔었겠지? 바다를 보면서 기억에 없는 엄마를 생각해 보곤 한다. 의외로 엄마 생각을 자주 했다. 예전 바다 앞에서도, 지금 바다 앞에서도.

"엄마……"

"밥 먹다 왜 갑자기 어머니? 오랜만에 바다 오니깐 생각났어?"

"뭐…… 원래도 많이 생각나. 웃기지, 기억나는 건 하나도 없는데. 그냥 아빠가 좋아하던 그 사람은 어떤 사람일까 싶기도 하고."

"그러게. 너희 아빠가 엄청 좋아하셨다면서."

"아빠가 떠나니깐 아빠는 엄마가 떠났을 때 얼마나 힘들었을까 싶더라고. 내가 기억하지 못하는 걸 수도 있지만…… 아빠는 한 번도 내 앞에서 힘든 모습을 보여 준 적이 없었잖아. 괜찮은 척하는 거, 그게 얼마나 대단하고 힘든 일인 건지 겪으니깐 알겠더라."

지우와 김찬이 밥을 씹다 나를 쳐다본다.

"너도 잘 버텼어. 고생 많았어. "

김찬도 밥을 마저 씹고 말했다.

"고생 많았다."

그렇게 우리 셋은 어색함과 추억을 풀며 밤바다까지 보고 난 후에야 바다에서 벗어났다.

[큰 물결]

오늘이다. 시서랑의 버스킹 날. 아마 시서랑보다 내가 더 떨려 하고 있을 것이다. 그냥 완전히 인정하기로 했다. 나는 시서랑을 좋아한다. 뭐, 부정해서 좋을 것도 없고. 이 주일 전부터 뭘 입고 갈지, 무슨 액세서리를 찰지, 어떤 머리를 할지 고민하는 내 모습이 보였다. 날씨에 맞는 셔츠 원피스에 얇은 니트, 목걸이와 시계, 반묶음 머리를 한 후 집을 나왔다.

"와. 부해리~ 너 오늘 진짜 예쁘다. 완전 버스킹 하는 남자친구 보러 온 여자친구 같잖아! 내가 봤을 때 무조건 쌍방이라니깐? 아니, 솔직히 너한테 안 반할 이유도 없고! 애초에 시서랑은 널 좋아한다니깐."

"그만그만. 근데…… 너 왜 바람난 거 아무도한테 말 안 해? 김찬한테도 말 안 했다며?"

"버스킹 끝나면. 일단 즐길 거 즐기고 깽판을 치던가 해야지. 그리고 찬이가 들으면 가만히 있겠냐……"

그렇게 지우와 대화를 하며 버스킹 장소에 도착했다. 무대 위에서 시서랑과 밴드들의 분주함이 보인다.

"어! 해리 안녕!"

"아, 안녕하세요."

"와, 저도 왔거든요? 세상에 둘만 있는 것 같지?"

우리도 빨리 도착을 했지만 좌석은 거의 차고 있었다.

"오빠! 저희가 앞에 앉으면 안 돼요? 버스킹에 지정석이 어디 있어요!"

"맞아요. 일부러 제일 빨리 왔는데! 여기 누가 앉는데요?"

"미안. 하지만 이건 버스킹 계획 시작부터 예약된 좌석이라! 바빠서 가볼게. 와줘서 고마워! 두 번째 자리나 첫 번째 자리나 비슷할 거야. 안녕~"

시서랑을 보러 온 여자애들은 누가 시서랑의 지정석에 앉나 보자는 눈빛으로 보고 있었다. 지금 우리가 가서 앉으면 버스킹 시작 전 분위기를 망칠 것 같아서 시작 직전에 앉기로 했다.

시작 오 분 전. 자리에 왔는데 여자애들은 놀란 표정으로 우릴 보더니 서로 눈빛을 교환했다. 자리에 앉으니 뒤에서 소리가 들렸다.

"야. 진짜 부해리랑 사귀는 거 맞다니깐? 아, 괜히 왔다."

"내가 말했잖아! 분명 뭐 있다고. 바다까지 같이 갔는데 뭐가 없을 리가 있냐?"

"에바야. 나 오빠 육 개월 동안 좋아했잖아."

소란스러운 와중 시서랑이 무대로 올라왔다.

"아아, 안녕하세요. 버스킹을 하게 된 시서랑이라고 합니다. 와주신 분들께 진심으로 감사의 말씀을 전하며 바로 노래 시작하겠습니다."

시작하기 전 기분 탓인지 시서랑과 눈이 마주쳤다. 시서랑은 고개를 살짝 끄덕였다. 그렇게 첫 번째 노래가 시작되었다. 시서랑이 들려준 '파랑'은 아니었다. 첫 곡은 정말 여름 바다 그 자체를 표현하는 곡이었다. 곡을 듣는 게 아니라 정말 바다에 온 것 같았다. 초여름 낮에 바다를 가면 나는 분위기. 햇볕과 모래는 살짝 따갑지만 바닷물에 발을 담그면 그렇게 시원할 수가 없다. 처음 듣지만 익숙할 정도로 편안한 분위기를 만드는 곡이었다. 나도 모르게 혼을 빼고 들어 첫 번째 곡은 순식간에 끝이 났다.

"이 노래는 오늘 하이라이트 곡은 아니지만 수록곡으로 만든 곡입니다. 시작부터 제 버스킹 콘셉트와 맞는 청량한 바다를 표현하고 싶어서 밝은 노래로 시작했습니다! 어떠셨나요? 괜찮으셨나요?"

모든 관중들은 박수를 치며 크게 대답했다.

"네!"

시서랑은 정말 행복한 듯 환하게 웃었다.

"아, 감사합니다! 그럼 다음 곡 들려 드릴게요! 다음 곡은 노을 지는 바다를 생각하며 곡을 썼어요. 노을 지는 순간만큼 아름다운 풍경이 또 없죠. 그 찬란한 순간을 기억하려 하는 곡입니다. "

두 번째 곡을 시작할 때 딱 노을이 지기 시작했다. 이번 곡도 시작부터 집중력이 최대치로 올라갔다. 노을 지는 바다를 보면 아름답다가도 괜히 아련해지고 슬퍼진다. 노을 지는 순간이 너무 아름다워 노을이 다 지고 어두워지는 모습을 바라보면그렇게 아쉬울 수가 없다. 지금 이 곡을 듣는 순간과 같다. 노래가 너무 아름다워 계속이고 듣고 싶지만 노래는 끝나가기에 아쉬운 감정이 든다. 노을은 영원할 것 같이 아름답지만 금방 다 져버리곤 한다. 이번 곡도 끝이 나자마자 엄청난 환호가 쏟아졌다. 지우도 감탄했다.

"와, 시서랑 미쳤는데."

뒤에 있던 아이들도 말했다.

"야. 나 절대 시서랑 포기 못해. 진심 가수 아니야?"

"내 거임."

"야 어차피 너네가 못 가져. 일단 시서랑 내 거."

많은 칭찬이 오고 갔다. 시서랑은 그런 사람들의 모습을 눈에 담고 있는 듯싶었다. 난 시서랑을 눈에 담고 있었고. 그러다 시서랑과 눈이 마주쳤다. 시서랑은 답을 기다리는 듯이 날 빤히 쳐다봤다. 나는 입모양으로 답했다.

'잘, 했, 어.'

나는 이 말을 하고 그 순간 멈춰졌다. 시서랑의 웃음 때문에. 노을이 거의 다 지고 있었지만 시서랑은 지지 않고 빛을 내고 있었다.

"와~ 정말 반응이 뜨겁네요! 여름 바다 햇볕보다 훨씬 뜨거운걸요? 계속하고 싶지만 네 곡 밖에 남지 않았어요."

관중들은 아쉬움을 말했다.

"하하, 하지만 이제까지 겨우 두 곡 보여 드렸는걸요?

네 곡이나 남았다고 하죠! 이번 곡은 노을이 진 후 캄캄한 밤바다를 표현한 곡입니다. 노을이 진 후 밤바다는 조용하고 차갑죠. 따뜻한 햇볕은 사라지고 차가운 바람만이 부는 밤바다를 거닐고 계신 분들을 위로하며 이 곡을 들려 드립니다."

시서랑이 표현할 밤바다는 무엇일까.

"할게…… 이 차가운 바람이 시원한 바람으로 바뀌고, 이 어두운 하늘이 걷히고 푸르게 바뀔 때까지. 네 옆에서 같이 이 밤바다를 거닐게."

나도 모르게 눈물이 났다. 시서랑은 아빠 다음으로 날 가장 많이 울리는 것 같다. 괜히 가사가 나한테 하는 말 같았다. 시서랑은 내 밤바다의 차가운 바람이 시원하기만 한 기분 좋은 바람으로 바뀌고, 어두운 하늘이 걷히고 푸르게 빛날 때까지 내 곁에 있었다. 아니, 시서랑이 그렇게 만들어 주었다. 이후 곡 하나도 발라드였다. 그리고 드디어 이번 버스킹 타이틀곡인 '파랑'이 시작되었다.

"내 파도에 물결을 일러. 넌 내 파도에 잔물결을 일렀다가도 큰 물결을 일러. 네 물결에, 네 파도에 휩쓸릴 것 같아. 아니, 이미 휩쓸리고 있는 것 같아. 내 바다의 물에 결을 만들어. 그 결대로 난 따라갈 거야. 내 바다도 네 결을 맞춰 갈 거야. 네 결대로 난 흘러. 그러니 내 바다에 결을 만들어 줘. 내 파도에 물결이 일러. 넌 내 파도에 잔물결을 일렀다가도 큰 물결을 일러. 네 물결에, 네 파도에 휩쓸리고 말아. 으음, 아마 앞으로도 휩쓸릴 것 같아. 내 바다의 물에 결을 만들어. 그 결대로 난 따라갈 거야. 내 바다도 네 결을 맞춰 갈 거야. 네 결대로 난 흘러. 그러니 내 바다에 결을 만들어 줘."

시서랑의 파랑은 나에게 큰 파도로 몰려왔다. 아프지 않았다. 큰 파도는 거세고 무섭지 않았다. 큰 파도는 나를 삼키기는커녕 나를 한껏 안았다.

"와, 이거 레전드인데? 시서랑 진짜 캐스팅 당하겠는

데? 그치? 응? 부해리, 뭐해?"

노래가 이렇게 마음 안까지 닿을 수 있구나. 나는 대략 십 초 동안 얼빠진 표정으로 있었다.

"음, 아쉽지만 이제 마지막 한 곡만이 기다리고 있네요."

관중들은 아까보다도 더 아쉬움을 표했다.

"안 돼!"

"그냥 계속해요!"

"하하, 이렇게까지 좋아해 주시다니 정말 감사드립니다. 저도 너무 아쉽지만 다음에 또 버스킹 열 테니 꼭 다시 한번 찾아와 주세요! 그럼 마지막 곡 소개 드립니다. 이 곡은 제가 쓴 곡은 아니지만 이 곡이 꼭 무대 위로 올라오면 좋겠기에 가지고 왔습니다. 이 곡은 누군가에게, 그리고 저에게도 정말 소중하니 잘 들어주세요."

타이틀곡을 끝내고 자기 곡도 아닌 곡으로 무대를 마무리한다는 게 의아했지만 귀담아들을 준비를 했다. 시서랑은 잔기침을 한 후에 기타를 치며 노래를 시작했다.

"나의 해파리야."

마지막 곡은 아빠의 노래 '해파리' 였다.

"너의 바다가 되게 해주렴. 너의 전부가 되게 해주렴. 너의 마음이 되게 해주렴. 너의 심장이 되게 해주렴. 나의 모든 걸 바쳐 너에게 주게 해주렴."

해파리를 들으면 항상 눈물이 났다. 슬픈 감정, 죄책스러운 감정, 속상한 감정, 아쉬운 감정, 좋은 감정이 뒤섞인 눈물. 하지만 지금 흐르는 눈물은 그저 행복한 감정만이 담긴 눈물이 흘렀다.

"너에게 푸른빛으로 남는다면 더할 나위 없이 행복할 거야……"

마지막 곡 해파리로 시서랑의 버스킹은 막을 내렸다.

"이 곡을 써주신 분께 감사의 인사를 전합니다. 아쉽지만 다음 버스킹을 약속하며 여러분께 감사의 말을 전합니다. 아, 여기 뒤에서 연주해 준 제 친구들에게도 감사를 표합니다. 제 첫 단독 공연의 관중이 되어 주셔서 정말 감사드립니다. 오늘 공연이 여러분의 바다에 한 윤슬로 남았으면 좋겠습니다. 감사합니다."

시서랑의 마지막 인사에 뜨거운 응원과 박수가 따랐다. 그 모습은 마치 시서랑의 바다에 뜨거운 햇볕이 쐬는 것 같았다.

공연이 끝나고 나와 지우는 시서랑을 기다렸다. 시서랑이 끝나고 밥을 산다고 했기 때문이다. 기다리는 동안 지켜보았는데 사인을 부탁하는 여자애, 사진을 부탁하는 여자애, 칭찬을 남발하는 여자애가 보였다. 옛날엔 보기 싫었는데 왜 그랬었는지. 지금 보니 참 귀여운 감정인 것 같다. 공연은 순간의 사랑을 피운다.

"많이 기다렸지? 와줘서 너무 고마워~"

정리를 다 끝낸 시서랑이 다가왔다.

"멋있더라? 시서랑 이 정도 실력인 줄은 몰랐는데~"

"좋았어."

"해리 엄청 집중해서 보던데? 너무 집중해서 부담스러울 정도였다고~ 그렇게 좋았어?"

"아, 아니. 음, 좋았어요. 마지막에 해파리를 부를 줄은 몰랐는데. 그런 노래로 이런 공연의 막을 내려도 괜찮아요? 확실히 마지막에서 퀄리티가 떨어지던데."

"아, 맞아. 마지막 곡 누구 곡이야? 앞에 노래들이랑 좀 차이 나던데. 근데 어디서 들어본 것 같은데."

시서랑은 놀란 표정으로 지우를 봤다가 나를 봤다. 나는 웃으면서 말했다.

"그러게~ 근데 너무 소중해~"

지우는 의아한 표정을 띠었다. 나와 시서랑은 그런 지우를 보며 웃었다. 아빠의 노래가 또 다른 사람의 추억으로 새겨진 것 같다. 물론 지우도 해파리를 들은 적이 많다. 오래 지났을 뿐, 항상 같이 들었었다.

"자자, 수다는 가서 하자고? 가자. 맛있는 거 쏜다."

사실 밴드부 회식에 우리가 끼는 것이었다. 그렇게 밴

드부원 선배들과 함께 술집에 갔다.

"다들 오늘 고생 많았어~ 너희 아니었으면 이런 공연 퀄리티 안 나왔다! 그리고 와준 이지우도 고맙고! 우느라 고생한 해리도~"

"하하, 해리 씨 엄청 우시던데요? 건반 치느라 정신없는데도 우시는 걸 제가 봤다니깐요?"

"아, 네……"

"그러니깐! 얼마나 좋았길래? 노래에 집중해야 하는데 너만 보였다니깐."

나는 시서랑에게 귓속말을 했다.

"그만 안 해요?"

시서랑은 짓궂게 웃었다. 별의별 이야기가 오고 갔다. 나도 다른 사람들처럼 이런 대화에 힐링 받는 사람인데 예전엔 왜 그렇게 불만 투성이었는지.

"무슨 곡이 제일 좋았어?"

"음, 다 좋았는데. 타이틀이 확실히 다르긴 했어요."

"진짜? 파랑 좋았어? 어떤 느낌인데?"

"진짜 여름 바다에 온 것 같았어요. 딱 내가 그린 그 바다가 떠올리는."

"맞다. 그럼 다시 한번 고마워. 다들 그림 보고 감탄하더라. 근데 나 오늘 살짝 긴장한 거 보였어? 너무 떨었나."

"음, 좀? 농담~ 무대를 즐기는 게 보여서 나도 덩달아 즐거웠어요."

"근데, 너 그 반말이랑 존댓말 섞어서 하는 거. 그거 언제까지 할 셈이야?"

"아, 몰라. 나도 모르게 계속 섞어서 쓰네."

오랜 시간을 보내고 시서랑과 나를 제외한 모두가 집으로 향했다.

"안녕히 계세요. 오늘 하루 고마웠어."

"안녕히 계세요는 무슨. 방향 같잖아. 집까지 데려다줄게."

어쩌다 보니 시서랑과 함께 집으로 향했다. 가는 동안엔 아까와 달리 대화가 없었다. 말이 오지도, 가지도. 그렇게 우린 말없이 여름의 계절을 느끼며 걸었다.

"저기, 놀이터에서 잠깐만 있다 갈래?"

"네."

우리 둘은 나란히 그네에 앉고 다시 말이 없어졌다.

"지우한테 들었어. 원래 노래 못 들었다며?"

"네? 아, 응. 괜히 거부감이 들더라고. 뭐, 다른 노래들을 듣다 아빠 노래가 영영 묻힐 것 같기도 했고요."

"그렇구나. 너랑 많은 시간을 같이 보낸 것도 아니고 원래 어떤 아이였는지도 모르지만, 나도 알겠더라. 네가 예전의 모습으로 돌아왔다는걸. 아무튼, 네가 돌아와서 나도 기뻐."

시서랑의 말에 나는 이제까지의 나를 털어놓았다. 나는 내가 봐도 밝은 아이였다. 말도 많이 하던 아이라 많은 아이들과 잘 지냈었다. 그래서 사실 지금의 나도 온전한 나로 돌아온 것은 아니다. 빈자리가 많이 컸기 때문이다. 솔직히 다섯 살 때의 나는 엄마를 기억할 수 없다. 그래도 아빠 덕에 엄마의 빈자리를 다 커서도 느끼지 않았다. 하지만, 그럼으로 인해 아빠는 내게 바닷물이었다. 그런 아빠가 떠나니 바다에 바닷물이 없는 셈이었다.

"이야기 고마워. 빈자리가 엄청 크겠네…… 근데 내 생각엔 넌 다 돌아온 것 같아. 그전에 널 못 봤지만 이젠 너를 다 찾은 것 같아. 온 신경이 아버지께 쏠려서 그렇지, 고등학생이랑 스물세 살이 같을 리가."

"음, 그러네…… 생각해 보니 이 나이에 그렇게 밝은 건 힘들지."

"나는 사실 바다를 많이 가진 않았어. 알다시피 학교도 옮기는 바람에 갈 시간이 아무래도 없었지. 그전엔 가수 꿈을 접었었어. 학교 무대에 한 번 나가고 생긴 꿈이었는데, 부모님이 헛바람이라고 하시더라고. 나도 그

64

런가 싶었어. 그 후론 무대 나가는 것도 금지였고……
근데 아무리 지우려 해도 안 잊히더라. 대학교 축제를
나갔었는데 그 순간 가수라는 꿈을 무조건 이루기로 결
정했어."

"나는 어렸을 때부터 가수를 준비한 거라고 생각했는
데. 그런 일이 있었구나."

"지금은 부모님이랑 연락도 잘 안 해. 우리 집에선 나
미운 오리야."

"시서랑이 미운 오리 취급을 받는다라~ 하긴, 나도 요
즘 너 미운데. 나 원래 남들 말 신경 안 쓰는데 자꾸 신
경 쓰여. 요즘 우리 둘 캠퍼스에서 말 엄청 많은 거 알
긴 하지?"

"아, 알지. 넌 어떻게 생각해?"

"어떻게 생각하긴. 답답하고 신경 쓰이지."

"부해리가 신경을 쓴다니. 그것도 소문을?"

"너니깐."

"응?"

"난 하루 종일 너만 생각해."

"뭐?"

"아마도 내가 티 나서 소문난 것 같아. 미안. 너는 나
한테 관심도 없는데 그런 소문나서 짜증 나겠지."

말을 뱉으면서도 그만 말해야 하지 싶은데 술 때문인
가. 입은 멈추지 않았다.

"잠시만. 내가 오해할 만한 말을 하는데. 그러니깐, 너
나 좋아해?"

"응. 각자 필요로 만난 인연인데 나도 이럴 줄은 몰랐
어. 불편하게 안 할게. 이제 버스킹도 끝났으니깐 안 만
나도 돼."

"아니. 앞으로 내 노래 계속 들을 거라며. 그러니깐
계속 내 옆에 있어."

"어?"

"와, 진짜 이런 말 오글거린다고 생각했는데. 바보야,

내가 너 좋아해서 소문난 거잖아."

"애들이 그런 말은 안 하던데. 아니, 그래서 네가 날 좋아한다고?"

"내가 어떻게든 막은 거지. 네가 불편할 테니깐."

"근데 왜 나한테는 아무 말 안 했어?"

"당연히…… 마음 정리할 시간이 더 필요할 것 같아서. 단기간에 회복하는 게 좋을 수도 있지만, 그만큼 금방 다시 아파지기 쉽잖아. 지금은 좋은 일만 가득해서 세상을 다 가진 것 같이 기뻐도 다시 빈자리가 느껴지기 시작하는 시간이 올 수도 있잖아. 그래서 네가 완전히 딛고 일어난 후에 사랑을 시작하는 게 좋을 것 같아서."

"괜찮아."

"응?"

"고백, 괜찮다고. 나 생각해 준 건 고마운데. 애가 타서 말이야……"

시서랑은 잠깐 얼빠진 얼굴로 나를 쳐다봤다.

"뭐, 뭐요……"

"그래, 부해리. 찬이 말대로…… 나 너 좋아해서 다가간 거 맞아. 그래서 노래도 열심히 만들고, 같이 밥 먹자고 하고."

시서랑은 날 처음부터 좋아해 줬다.

"네가 유랑하지 않게 내가 옆에서 같이 거처를 찾던, 만들던. 같이 해줄게. 그러니깐, 네 여정에 나도 끼워 줄래?"

드라마 촬영도 아니고 누가 고백을 이렇게 하나.

"거처는 이미 찾았어."

"응?"

"네가 내 거처잖아. 난 지금 유랑이지 않아. 널 만나서 헤엄칠 바다를 찾고, 거처까지 찾았잖아. 아, 진짜 뭐라고 해야 해. 뭐, 제가 여기 머물러도 괜찮으시겠습니까?"

시서랑이 크게 웃는다.
"네! 영광이죠~ 당연 괜찮고 말고요~"
그렇게 난 머물 거처를 찾게 되었다.

[파랑]

꿈에 아빠가 나왔다.

"이야~ 우리 딸, 거처까지 찾았구나! 축하해~"

"아빠, 왜 이렇게 늦게 왔어."

"미안 미안~ 여기 오는 게 영 쉽지 않아~"

"근데 아빠 뒤에 누구야?"

"아, 네 엄마란다. 그만하고 나와. 용기 안 내면 영영 못 본다?"

"…… 안녕. 내 딸."

"엄마……라고요? 얼굴이 잘 안 보여요."

엄마라는 형체의 모습은 보일 듯 말 듯 흐릿했다.

"미안, 딸. 엄마가 네 기억 속에 남지 못해서…… 보여줄 수가 없어……"

엄마의 사진을 본 것도 오래라서 일까. 분명 얼굴을 알고 있었는데.

"아이고, 모녀 상봉이라니. 눈물 나네~ 딸, 근데…… 앞으로는 여기서도 만나기 힘들 것 같아."

"뭐? 왜? 이제야 나타났잖아. 여기서 만나는 것도 겨우 두 번째인데?"

꿈속에서 아빠와 엄마는 동시에 나에게 마지막 사랑을 전하곤 유유히 흐려졌다.

"딸, 사랑하는 딸. 사랑하는 부해리. 사랑하는 우리 딸, 부해리. 엄마랑 아빠가 거처가 돼주지 못해서 미안해. 딸은 엄마랑 아빠의 바다였어. 더 이상은 우리 때문에 아파하지 말고. 너무 사랑해."

"엄마? 아빠?"

그렇게 꿈에서 깼다. 눈물이 흐르고 있었다. 정말 이젠 꿈에서도 만나지 못하는 걸까. 핸드폰을 키니 마침 시서랑한테서 연락이 왔다.

'좋은 아침~ 좀 늦었지만ㅋㅋ 완전 푹 잤다.'

괜히 웃음이 나와 입꼬리가 귀에 걸릴 정도였다.

68

'저도요.'

'너 어제 말 놓더니 또 존댓말 쓰는 거야?'

생각을 해보니 어느 순간 말을 놓고 있었다.

'아.'

'ㅋㅋ 어제 사진 볼래?'

어제 시서랑과 둘이서 찍은 사진들이 채팅창에 올라왔다. 술집에서 찍은 사진, 놀이터에서 고백…… 받고 찍은 사진.

'선배는 잘 나왔네요. 난 화장 다 지워지고……'

'저게 지워진 거야? 어제 무지 예뻤는데? 맞다. 너 어제 평소보다 더 신경 써서 입은 거 맞지!!'

'아닌데요.'

'ㅋㅋ 네~ 오늘 만나기엔 너무 힘들지..?'

'아닌데요.'

그렇게 우린 주말 오후 데이트를 하기로 했다. 그리고 연락을 확인하는데 지우한테서 온 연락이었다.

'해리야, 읽으면 답장 좀.'

답장을 하니 지우가 잠깐 만나자고 했다. 시서랑과는 오후 약속이니 그전에 만나러 나갔다. 카페에 지우가 먼저 도착해 있었다. 지우의 모습은 바다 간 날의 김찬 같았다.

"뭐야?"

"아, 왔어?"

지우의 목은 많이 잠겨 있었다. 밤이 지나가도록 울고 온 것 같았다.

"아니, 진짜 미친 거 아니야?"

지우의 말로 어제 지우 집 앞에 전 남친인 석훈 선배가 기다리고 있었다고 한다.

"그러더니 나한테 다시 만나자고 하더라? 바로 거절했지. 그랬더니 바로 화를 내면서 억지를 부리더라. 너는 옛날에 김찬이랑 손 한 번 잡아본 적 없냐고. 김찬이랑 만나다가 헤어진 건 아니냐고."

"와, 진짜 미쳤네. 갑자기 김찬? 그냥 거짓말로 자기 합리화 시키는 거잖아."

"나도 진짜 화나서 욕을 퍼부었지. 근데 걔가 나오더라. 바람난 내 친구. 와서 내 뺨을 때리더라고."

"뭐?"

"바보 아니야? 야, 애들 다 알아. 네 남자친구, 네 친구랑 만난다고. 아니, 뺨은 또 왜 맞아?"

누가 뒤에서 익숙한 목소리로 화를 낸다. 놀라서 뒤를 돌아보는데 김찬이 있었다.

"걔 지금 어디에 있는데."

"어? 김찬? 모르지…… 아, 내 친구가 아르바이트하는 카페에 있을 것 같기도."

"거기 어디야? 그래서, 넌 어제 맞기만 했어?"

"어? 아, 당황해서……"

그렇게 우리 셋은 그 카페에 도착했다. 멀리 그 선배가 보인다.

"아니, 가서 뭘 하게."

"어떡하긴."

김찬은 거침없이 걸어가 선배 얼굴을 주먹으로 쳤다.

"악! 아, 누구야!"

"이런 미친 새끼가 다 있나. 바람은 자기들끼리 펴놓고 왜 남의 뺨에 손을 대."

"김찬이네? 야, 난 안 때렸거든?"

카운터에서 그 바람난 여자애가 달려온다.

"야! 하, 너네 뭐야? 셋 다 사람 갖고 노는 애들 아니야? 끼리끼리 논다?"

그 소리에 나는 테이블에 있던 아메리카노를 그 여자애한테 뿌렸다.

"끼리끼리 만난다더니."

지우는 뒤에서 가만히 있다가 점점 다가왔다. 그리고 지우도 참지 않았다. 다가와서는 그 여자애 뺨을 때렸다.

"때릴 거면 네 남자친구나 때려. 뭐가 그리 당당해?

수준이 안 맞아서 대화를 못하겠네. 가자."

더 화내려는 김찬을 끌고 카페에서 나왔다.

"다들 왜 나 때문에……"

지우는 울기 시작했다.

"괜히 소문나면 어떡해. 신고라도 하면 어쩌려고 저렇게 세게 때려."

"지도 때렸으면서."

"쟤네는 맞을만하잖아. 이지우, 네가 왜 눈치를 봐. 소문이 나도 쟤네 잘못만 까발려지는 거지. 뭐, 언제는 우리가 소문을 무서워했나?"

"그래…… 편 들어줘서 고마워. 해리 너는 빨리 가."

"어?"

아직 지우와 김찬에게는 말하지 못했다. 하지만 지우가 눈치못 챌 리가.

"약속 시서랑이랑 잡은 거잖아. 예쁘다. 빨리 가."

"오늘도 예쁘네~ 안 피곤해?"

마음이 심란한 상태로 시서랑을 만났는데 지우 생각은 온데간데없어지고 너무 긴장했다.

"아, 네. 네? 아니요……"

"어? 너 신발에 뭐야?"

이제 보니 신발에 아메리카노가 튀어 있었다.

"아……"

"와, 박석훈이 그런 애였구나. 안 다쳐서 다행이다. 나부르지."

"됐어요."

"역시 강한 여자. 밥부터 먹자~ 뭐 먹고 싶어?"

"아, 선배 먹고 싶은 거 먹으세요."

결국 내가 먹고 싶은 음식을 먹었다. 시서랑과의 시간은 항상 내 몸 끝까지 따뜻하게 만들어 준다. 밥을 다먹은 후엔 사람이 별로 없는 카페를 가서 이야기를 나눴다.

"버스킹 언제 또 열어요?"

71

"으잉? 벌써 다음…… 다음이라. 하반기에도 조금 어려울 것 같은데. 축제 때는 무대 나가도……"

"음, 나도 전시회 열어볼까 싶은데."

"헐! 당장 열어! 이미 학교 복도는 네 그림으로 한가득이긴 한데."

"연말을 목표로 준비하려고요. 올 사람이 있을지 모르겠네요."

카페에서 우리의 꿈에 대해 이야기했다. 사람은 어쩌면 바보 같은 짓을 당연시한다. 사랑하는 사람의 꿈을 나의 꿈보다 응원하는 것. 하지만 그러기에 서로가 함께 꿈을 향해 다가갈 수 있는 거 아닐까. 카페에서 나와 공원을 걸었다. 점점 계절은 익어가고 있었다.

"아, 오늘 진짜 덥다……"

공원을 걸으면서는 우리의 이야기를 되짚었다. 정말 짧은 순간 동안에 많은 일이 있었다. 이게 가능한 건가 싶었지만 그저 행복할 뿐이다. 유랑은 영원한 것이 아니다. 나도 유랑에서 영원히 벗어 나오지 못한 채로 더욱 더 깊은 심해로 내려갈 것 같았다. 하지만 결국엔 유랑을 벗어나 거처를 찾았다. 심해 속에 빠졌을 땐 도움이 상대방에게 실례라고 생각했다. 그래서 아무 말도 하지 않고 살았다. 아빠처럼 괜찮은 척을 해온 거라고 생각했는데. 괜찮은 척, 그마저도 아니었다. 그저 회피. 내가 지금까지 해온 건 회피였다. 힘들 땐 남한테 도움을 받아도 된다. 길을 모르니 유랑에 빠진 거니깐, 유랑은 혼자 빠져나오기 힘드니깐. 길잡이가, 거처가 필요하다.

"그, 여름이 오면요. 여름 바다. 여름 바다 보러 갈래요?"

"여름뿐 만인가. 계절이 바뀔 때마다 보러 가자."

"뭐야, 진지하게 답하지 마요."

"왜~ 내가 뭔 말만 해도 이렇게 부끄러워하더라? 연애가 처음인가?"

"뭐요. 처음이면 뭐."

"뭐야? 진짜 처음이야?"

"네. 그쪽이랑 달리 나는 처음이거든요? 나는 이런 말 듣는 것도 처음이고요, 이렇게 데이트하는 것도 처음이거든요. 나는 뭐, 처음이면 안 되나?"

"뭐야, 아 진짜. 아니, 그럼 나는 처음이 아닐 것 같나?"

"나 전에 여자 많았을 거 아니에요?"

"나도 처음이거든? 나, 막 아무나 만나고 그런 사람 아니거든?"

"웃겨. 내가 처음이라고요? 뭐, 내가 첫사랑 그런 거라고? 시서랑의 첫사랑?"

"어! 뭐, 그러면 안 돼? 너야말로. 너 지금도 김찬인가? 그렇게 인기 많은 애도 옆에 있는데 내가 처음이라고?"

시서랑과 투닥투닥 하는데 뒤에서 누가 말하는 소리가 들린다.

"야, 저거. 시서랑이랑 부해리 맞지."

"헐, 뭐야? 맞네. 결국 둘이 이어졌네."

"아니, 해리야. 나는 진짜 네가 처음이야. 나는 운명적인 사람을 만나겠다. 뭐, 이런 생각을 가지고 살아왔다고."

시서랑은 안 들리나 보다.

"찍어서 학과 단톡에 올리자."

찰칵.

"그렇다니…… 어?"

이번엔 시서랑도 분명히 들었다.

"뭐야. 저기, 너네 우리 찍은 거 맞지?"

"아, 시서랑 선배. 안녕하세요……"

"지워줄래?"

"아, 그래야죠. 셔터가 잘못 눌렸네. 아하하. 그, 근데 선배랑 해리 비밀 연애하시는 거예요?"

"내가 비밀 연애한다고 지워 달라고 한 것 같아? 이렇게 막 찍으면 되나? 떠드는 것까진 뭐라 말 못 하겠는데 이건 아니지.”

　나였으면 그냥 무시한답시고 회피했을 텐데. 날 위한 방법은 그런 아이들의 말에 대꾸하지 않는 것이라고 생각했다. 대꾸하지 않는 것. 그게 맞는 방법일 수 있다. 하지만 나는 방어하지 않고 그냥 당하고만 있었던 것이다.

　“이제 소문나겠네요.”

　“뭐, 우리가 사랑하겠다는데. 그치~”

　“이러는데 첫 연애라고.”

　“진짜라니깐. 아무튼! 곧 네 생일이잖아. 네 말대로 여름 바다 보러 제주도 가자.”

　“제주도요?”

　“응. 나랑 같이 가면 괜찮지 않을까?”

　“뭐, 무슨 용기래? 누가 보면 나는 시서랑 없으면 못 지내는 줄 알겠네.”

　그렇게 시서랑과 제주도 여행을 약속했다. 제주도도 오랜만이지만 제주도에 계시는 가족들을 이 년이 넘어서 뵙는 거다. 아주 가끔 연락은 했지만 자주 하진 않았었다.

　“와, 진짜 설렌다. 해리야, 우리 진짜 제주도 가는 거지?”

　“왜 못 믿어.”

　시서랑 뿐만 아니라 지우, 김찬도 같이 가기로 했다. 그렇게 제주도를 가는 날이 밝았다.

　“와~ 얼마 만에 공항이야! 완전 신나!”

　“나도 설레네. 조금 떨리는 것 같기도 하고……”

　“그러게. 너 할머니랑 가족분들 안 뵌 지 이 년 넘었지 않아? 난 집 가면서 뵙긴 했는데.”

　“죄송해서 얼굴이나 들 수 있을지 모르겠다.”

　“왜, 이렇게 잘 버텼는데 당당하게 고개 들어야지!”

　“아, 피곤해. 이 여자들은 아침부터 수다네~”

　“앞으론 더 시끄러울걸요. 전 귀마개 가져왔어요.”

우리 모두 설레는 마음으로 비행기를 탔다.

"진짜 내가 창문 쪽으로 앉아도 괜찮아요?"

"어~ 아니, 그냥 반말하라니깐?"

"나중에. 나중에 실컷 들으세요. 곧 할 것 같으니깐~"

예전엔 시서랑한테 잘만 반말을 했었는데 지금 하라니깐 괜히 못하겠다. 역시 사람은 알수록 불편해지는 점이 있다.

"오, 이륙한다."

오늘은 비행기 타기 딱 좋은 날이었다. 날이 맑아서 풍경이 잘 보였다. 점점 땅과 멀어지고 우린 하늘 위로 해와 가까워진다. 햇빛은 눈부셨지만 구름은 보기만 해도 푹신하고 몽글했다. 마치 시서랑 같았다. 눈부시지만 누구보다 포근한 사람.

"진짜 예쁘다."

"예뻐?"

"네……"

"네가 더 예뻐."

"으악! 오글거려. 누가 듣겠다. 그런 것 좀 하지 마요."

점점 제주도 바다가 보인다. 에메랄드빛의 바다.

"와, 나도 제주도는 오랜만인데. 진짜 예쁘다."

"그러게요. 난 왜 이제 왔을까."

"더 늦지 않아서 다행이지."

착륙을 하고 비행기에서 내리는데 기분이 이상했다. 아빠에게로 가는 기분이다. 하지만 안다. 여기도 아빠는 없다는 것을. 그래도 괜찮다. 제주도에 왔다는 것만으로도 만족한다.

"어때?"

시서랑이 묻자 지우와 김찬까지 내 대답을 기다렸다.

"좋아. 엄청 좋아. 기다려주고 같이 와주기까지 해줘서 너무 고마워."

조금의 눈물이 나왔다. 지우도 덩달아 눈물을 흘렸다.

"아, 진짜 부해리. 여행 전부터 울리면 어떡해."

그러자 김찬이 말했다.

"얘네는 뭐 이렇게 눈물이 많아. 야, 그리고 우리도 제주도 오고 싶어서 온 거거든?"

말은 그렇게 해도 김찬마저 눈물을 보였다. 우리의 마음은 하나를 원했다. 하지만 내가 더뎠다. 그래도 이 둘은 내가 걸어올 때까지 기다려 주고 발을 맞춰 천천히 걸어주었다.

"어이구, 예쁜 우정이네. 내가 낄 수 없고만~"

공항에서 나와 렌터카를 찾은 후에 밥을 먹으러 갔다. 시서랑 옆자리에 앉기 위해 앞자리 문을 여는 순간 김찬이 가로막는다.

"내가 앞자리."

"뭐래, 나와."

"나 앞자리 무지 좋아하잖아. 네가 양보 좀 해."

"왜 이래? 너 맨날 뒷자리 앉아서 커튼까지 치잖아. 앞은 빛이 무지 많이 들어오거든?"

김찬과 아웅다웅 다투는데 출발 준비를 하던 시서랑이 내 편을 든다.

"야. 나 너랑 나란히 앉기 싫거든? 해리야, 앉아."

지우도 거든다.

"찬아, 빨리 뒤로 와."

모두의 말에 마지못해 김찬은 입을 내밀곤 뒷자리로 가 앉았다.

"와~ 맛있겠다! 감사합니다~"

"아이고, 왜 이제 왔어? 얼마 만에 보는 삼총사야? 너무 잘 왔어~"

제주도에서의 첫 식사는 우리가 많이 먹던 해물라면을 먹으러 갔다. 우리가 많이 간 것도 있지만 같은 동네이기에 주인 이모와 가족 같은 사이이다. 어느덧 이모는 웨이팅까지 걸리는 맛집 사장이 되어 계셨다. 그렇게 추억까지 돋는 맛있는 식사를 하고 바다를 보러 갔다. 확실히 다른 바다들과 다르다. 찰칵.

"오, 완전 잘 나와!"

시서랑이 나를 찍었다. 마지막으로 제주도에서 찍은 사진이 뭐더라……

"아, 겁나 추워! 빨리 찍어 주세요!"

"하나, 둘, 김치! 자, 영상도 찍는다."

"하나, 둘! 부해리, 이지우, 김찬! 졸업 축하해! 행복한 날들이 큰 파도처럼 기다리고 있을 거야!"

졸업식이 끝나고 찍은 사진과 영상이 제주도 바다에서의 마지막 기록이었다. 고등학교를 막 졸업하던 우리는 벌써 스물셋이라는 나이가 되었다. 우리는 그때 생각하던 미래를 보내고 있는 걸까. 현실은 더 아프지만 어쩌면, 어쩌면 생각했던 것보다 더 행복한 현재를 보내고 있는 걸지도.

"내가 너희 셋 찍어 줄게! 빨리 서봐!"

왜인지 그때보다 사진 찍는 것이 어색해졌다. 그래도 새로운 기록을 남겨 본다.

"와, 선남선녀이세요~"

시서랑과 단둘이서도 기록을 남겼다. 시서랑과 나의 기록을 남이 남겨주는 건 처음이었다.

"오, 역시 이지우! 해리야, 완전 잘 나왔는데?"

김찬은 우리와 거리를 두고 입을 다시 삐죽 내밀어 삐졌다는 걸 표현하고 있었다.

바다를 본 후에는 엄마와 아빠가 운영하던 서점카페로 향했다. 목적지에 가까워질수록 내 심장은 더 쿵쾅거렸다. 마음을 다잡고 차 문을 여는데 쉽게 발을 내디딜 수 없었다. 하지만 앞에서 어느 때와 같이 날 기다려주는 지우와 김찬이 보였다. 그리고 시서랑이 다가와 손을 잡아 주었다.

"가자."

시서랑의 도움으로 한 발, 한발 내디뎌 문을 열었다. 모두 내 뒤에서 조용히 나를 기다려 주었다. 시서랑의

손길 없이 내 의지로 천천히 문을 열고 안으로 들어간
다.

"아······"

이곳은 아름다운 공간이다. 넓진 않지만 문을 여는 순
간 통창으로 바다가 보이고 햇빛이 들어온다. 벽은 책으
로 한가득 채워져 있고, 코르크 보드에는 아빠가 남겨둔
사람들의 추억들이 있었다. 레코드판에서 흘러나오는 음
악까지 모든 것들이 힐링 되는 공간이었다. 천천히 주변
을 둘러보다 통창 앞 의자에도 앉아본다.

"해리야!"

소리가 나는 쪽으로 고개를 돌렸다. 고모였다.

"고모······"

고모는 달려와 나를 안아주었다.

"아, 왜 이렇게 많이 큰 거야. 응? 다 커서 왔네."

그리곤 고모는 할머니를 모시러 갔다. 얼마 지나지 않
아 밖에서 소리가 난다.

"아, 엄마! 조심히 좀!"

그리고 굳게 닫혀있던 문이 열린다.

"아이고! 해리야!"

할머니도 고모처럼 나를 힘껏 안아주었다.

"아가씨 다 되어서 왔네! 할망이 얼마나 보고 팠는지
아냐?"

"미안해, 미안해. 할머니, 너무 미안해."

가족의 품이 이런 것이었구나. 삼촌도 한 마디 한다.

"이제야 오냐?"

거기에 이어 외숙모까지 달려와 나를 안아준다.

"해리야!"

그렇게 가족들 품 안에 파묻혔다. 혼자 있을 때엔 외
롭고, 쓸쓸하고, 무거운 차가운 공기만이 나를 파묻었다.
하지만 지금 나를 파묻는 것은 따뜻하고 포근하기만 하
다.

"고모가 먹을 것 좀 내올게. 대화 좀 나누고 있어~"

"지우, 찬이도 오랜만이네. 근데 이쪽은 누군디?"

"아! 저는 시서랑이라고 합니다! 지우 남자친구입니다."

"남자친구까지 데리고 왔어? 야, 미희야. 해리가 남자친구 데리고 왔는데?"

"어머, 얼굴이 무슨 씻은 배추 줄기 마냥 참 환해서 무슨 연예인인 줄 알았는데 해리 남자친구였어? 세상에 나~ 너무 잘 어울려~"

"하하, 감사합니다."

"야, 너 우린 안 봤었으면서 연애까지 하고 있었어?"

"아, 삼촌. 이 사람 덕분에 여기까지 온 거야."

"참내."

"저, 해리야. 할망이랑 잠깐 이야기 좀 나누자."

"무슨 일이야?"

"네가 아빠 서재 좀 가봤으면 한디."

까먹고 있었다. 아빠의 공간인 서재. 아빠가 떠나고 정리는 집만 했었고 서재는 정리하지 않은 채로 그대로 두었다. 할머니 말씀으로는 청소만 해왔다고 하셨다.

"저, 들어가서 책상도 보고……"

그렇게 나 혼자 아빠의 서재로 향했다. 이 층에 아빠의 서재가 있다. 문을 열자 정면에 아빠 책상 뒤에 있는 창문이 보인다. 이 창문에서도 바다가 보였다. 사진작가였던 아빠의 서재엔 카메라, 필름, 앨범 같은 것들이 많았다. 그 외엔 사진뿐만 아니라 음악도 좋아하던 아빠라 레코드판, 스피커, 기타 등의 음악 관련 물건들이 있었다. 물론 음악은 그저 취미일 뿐. 서재를 둘러보고 천천히 아빠의 책상으로 다가간다. 책상 뒤에 있는 창문이 용기를 내라는 듯 햇빛을 비춰준다. 아빠는 이 책상에서 어떤 생각을 해왔을까. 그때 책상 가운데 편지 네 통과 책, MP3가 보였다.

"해, 해리에게?"

조심스레 아빠의 의자에 앉아 편지를 살핀다.

"해리에게…… 아빠가. 해리에게…… 엄마가? 부제용

에게? 박애영에게? 엄마다. "

엄마와 아빠가 나에게 남긴 편지가 있었다고? 편지를 그 어느 때보다 조심스럽게 연다.

'해리야, 엄마야. 우리 딸! 잘 지내고 있어? 먼저 떠나고 잘 지냈냐는 안부를 물어서 미안해. 그래도 엄마는 해리가 잘 지냈으면 좋겠어. 글쎄, 엄마가 몸이 안 좋아서 해리 옆에 못 있는다 하더라고. 해리가 이걸 언제 읽을지는 모르겠다. 아빠한테 맡겨두고 갈게. 아빠는 잘 있지? 해리랑 아빠만 행복하면 엄마는 더 바랄 것이 없어. 엄마를 미워해도 엄마는 이해해. 그래도 아빠는 미워하지 마. 아빠는 지금 많이 힘들 거야. 그래도 엄마는 분명하게 믿어. 아빠는 해리를 잘 키울 거라고. 엄마의 빈자리 따위는 느껴지지 않도록 사랑을 줄 거라고. 맞지? 엄마가 해리한테 남기고 가는 선물이 아빠야. 엄마가 잘 골랐지? 아빠가 아니더라도 다른 가족분들도 해리를 엄청 아끼고 사랑하고 계시는 거 알지? 모두가 해리를 사랑하고 있어! 엄마는 해리 기억에 없는 사람이 되겠지만, 엄마는 널 엄청 사랑해. 엄마는 죽는 건 별로 안 무섭다? 근데 해리가 커가는 순간에 엄마가 옆에 못 있어준다는 게 너무 무섭다. 아빠가 있으니깐 조금은 마음 편히 갈 수 있겠다. 해리야, 너무 사랑하고 꼭 행복해. 엄마 박애영이.'

"뭐, 뭐야……"

그냥 눈물이 끊이질 않고 흘렀다. 엄마가 내 기억에 없는 건 맞다. 하지만 그럼에도 이 편지 하나로 엄마가 어떤 사람인지, 엄마가 나를 얼마나 사랑했었는지 알 수 있었다. 몇 분 동안 울다가 아빠가 남긴 편지를 꺼내 읽어본다. 손이 떨렸다.

'사랑하는 내 딸~! 아빠야~ 우리 해리는 지금 몇 살이려나? 지금 아빠가 보는 해리는 그저 아가 같은데. 벌써 대학교를 입학했어~ 참 기특하고 대견해! 우리 해리는 정말 대단한 사람인 거 알지? 아빠는 세상에서 우리 해리가 제일 멋있다고 생각해! 근데 이렇게 이별을 하게 만들어서 미안해. 아빠도 해리 계속 보고 싶은데, 어째서 하늘이 안 도와주네. 엄마가 부르는 걸까? 너무 아파하지 마. 아빠가 이런 말을 할 자격은 없지만…… 해리가 지금 유랑 상태라면 아빠는 영원히 해리를 응원할 거야. 아빠가 해리한테 잠깐이나마 거처였었는지 궁금하구나. 잠깐이라도 해리한테 거처였다면 아빠는 그걸로 만족한다! 세상에서 가장 사랑하고 가장 아끼는 나의 딸, 부해리. 너무 고맙고 미안하다. 못난 엄마와 아빠의 딸이 돼서 고생이 많네. 그래도 엄마랑 아빠한테 와줘서 너무 고마워. 우리의 축복 해리에게 마지막으로 사랑한다는 말을 남깁니다. (아빠랑 엄마는 하늘에서도 해리에게 사랑을 보낼 거야! 큐피드처럼!ㅋㅋ) 부해리를 사랑하는 부해리의 아빠, 부제용이.'

아까보다 더 크게 목 놓아 울었다. 엄마와는 달리 투박한 손글씨. 아빠의 손글씨를 보니 아빠의 서투름이 생각난다. 아빠에게선 항상 미숙함이 묻어 나왔지만 나에겐 완벽한 아빠였다. 아빠는 나에게 서투르고 투박한 걸 보여주지 않도록 열심히 노력했다. 유치원생이 바지에 실수를 했을 때, 크게 다쳐 피가 날 때, 친구와 싸웠다는 전화가 왔을 때. 어느 상황도 아빠에겐 당황스러운 상황이었을 것이다. 처음이니깐. 하지만 항상 최선을 다해 나의 성장을 도왔다. 나에겐 그게 아빠의 완벽함이었다. 진정을 하고 엄마가 아빠에게 쓴 편지를 읽어본다.

'안녕, 부제용. 이렇게 편지를 쓰는 것도 얼마 만인지 ~ 옛날엔 많이 써줬었는데! 너랑 만나고 매일이 정말 즐거웠어. 그래서 앞으로의 날에서 보답하려 했는데, 이렇게 작별을 하네. 정말 미안해. 내 소식을 듣고 울던 널 생각하면 마음이 찢어질 것 같다. 지금도 넌 괴롭겠지. 내 앞에선 안 그런 척, 괜찮은 척이나 하고. 참 기특해. 해리한테도 미안하네. 뭐, 잘하겠지만 해리 잘 부탁해. 그리고 부제용도 잘 챙겨줘. 내가 사랑하는 사람이거든.

있잖아, 사실 나 너무 무서워. 내가 사랑하는 사람들을 잃는 거잖아. 내가 사랑하는 사람들은 고맙게도 내 옆에 있어 주는데, 내가 떠나는 거라 미안하기도 하고. 나도 해리가 커가는 걸 보고 싶고, 너랑 같이 늙어가고 싶었는데. 그래도 네가 더 힘들겠지. 너는 진짜 완벽한 아빠이자, 남편이자, 가장이야. 그게 가끔 너무 무겁게 느껴질 거야. 그래도 다 괜찮아질 거야. 파이팅! 다 맡기고 가서 너무 미안해~ 내가 세 살 동생한테 모든 걸 맡길 줄이야. 왜, 너 처음 볼 땐 진짜 아기 같았어. 그런 네가 어느새 내 남편이 되어 아빠가 되어 있더라? 시간은 야속하게도 빨랐고, 끝이 있더라. 있잖아! 다음 생에도 날 사랑해 줘. 그땐! 진짜 후회 없게 네 옆에 꼭 붙어 있을게. 해리랑 오래오래 행복하게 지내. 먼저 가서 미안해. 부제용, 소랑함수다~'

둘은 정말 완벽한 부부였을 것이다. 둘의 작별에 내가 다 슬프다. 이어서 아빠가 엄마에게 남긴 편지를 읽는다.

'누나, 안녕. 우리 둘만 있을 때만 누나라고 부르는데! 누나라고 못 불러본 지가 언제지. 사실 누나가 밉게 느껴지던 때가 있다? 근데 가장 사랑하는 사람을 미워하는 것만큼 비참한 일이 없더라. 아무튼, 미안하지만 누나한테 죽을죄를 짓게 생겼어. 나도 해리 곁을 떠나야 한대. 세상은 왜 이럴까. 그저 셋이 오순도순 행복하게 살고 싶었는데. 그거라면 충분할 거라고 생각했는데, 큰 욕심이었나 봐. 아, 근데 나 해리한테 미안해서 어쩌지. 너무 미안한데. 내가 사랑하는 여자들 곁에 내가 꼭 붙어 있어야 하는데. 나도 내가 참 밉다. 아직 해줄 것이 한참 남았는데. 나는 많이 서툰 아빠였던 것 같아. 도시락 싸는 거, 머리 묶어주는 거, 옷 입혀주는 거, 손톱이랑 발톱 깎아주는 거. 남들은 빠르게 하는 걸 난 너무 어려워서 남들보다 시간이 배로 걸려. 그러다 우리 해리 지각이나 시키고. 그래도 나 나름 열심히 했는데. 누나 옆에 가면 조금이라도 칭찬해 줘~ 우리 둘의 사랑도 너무 좋지만 우리 해리는 이렇게 제한된 사랑은 안 하면 좋겠다. 그치? 우린 너무 짧았어~ 아쉬워 죽겠네. 그러니깐 다음 생에도 만나. 해리보다 일찍 태어나서 몸 관리 좀 열심히 해둬야지. 그래도 누나 고생 많았어. 해리 낳느라 수고 많았고, 나한테 축복이었어. 누나도, 해리도. 아무튼, 박애영 너무너무 사랑하고 좋아해. 단 한순간도 미워한 적, 사랑하지 않았던 적 없어. 항상 고맙고 미안해~ 영원히 사랑할게. 곧 만나. 남편 부제용이.'

엄마도, 아빠도 많이 무서웠구나. 나에겐 무척이나 컸던 부모라서 몰랐다. 내가 어른이 되어 보니 알겠다. 엄마와 아빠는 그리 어른이지 않았다. 어렸고, 작았다. 그저 누군가에게 태평양같이 큰 어른이 되어주도록 엄청난 노력을 한 것이었다. 편지 밑에 있던 책들도 마저 읽어 본다. 하나는 엄마가 아빠를 위해 쓴 육아 노트, 하나는 엄마가 나에게 그려주고 간 동화책. 그리고 하나는 아빠의 일기.

'1996년 7월 5일. 날씨 매우 화창함. 자전거를 타다 서점 카페라는 곳을 발견했다. 좁지만 이 층에 높은 건물이었다. 궁금해서 다가가 문을 열었더니 큰 통창이 보였다. 통창으로 바다가 보이고 햇빛이 들어왔다. 햇빛이 가리키는 곳에는 한 소녀가 앉아 있었다. 흰 원피스를 입고 머리띠를 찬 소녀. 오버가 아니고 진짜 천사 같았다. 내가 본 사람 중 가장 아름다운 사람이었다. 그 소녀는 책을 읽고 있었다. 알고 보니 그녀는 나보다 세 살 많은 누나였다. 보자마자 반해서 이 일기를 샀다. 이 일기가 끝나기 전까지 무조건 저 누나 꼬신다!'

"와, 뭐야? 아빠랑 엄마 연애 이야기였어?"

드라마를 보듯 설레는 감정으로 일기장을 넘긴다.

'1996년 7월 12일. 날씨 비가 아주 많이 내린다. 오늘은 비가 엄청 많이 내렸다. 그렇지만 누나를 보기 위해 오늘도 서점 카페를 갔다. 아, 서점 카페 이름은 바다로 가는 길이다. 근데 누나가 밖에서 비를 맞고 있는 게 아닌가? 나는 누나에게 뛰어갔다. 왜 비를 맞고 있냐고 물으니 글쎄 나도 같이 비를 맞자고 말을 하는 거 아닌가. 나는 당황스러웠다. 누나는 자연을 사랑하는 소녀였다. 그렇게 같이 비를 신나게 맞았다. 그리고 누나가 전을 부쳐서 나에게 주었다. 정말 맛있었다. 이정도면 날 좋아하는 마음이 조금은 있는 것이 아닐까?'

"풉, 아빠도 귀여웠네."

'1996년 12월 25일. 날씨 눈이 내린다. 오늘 누나에게 고백을 할 것이다. 사실 저번에 한 번 차였다. 자기는 고등학생 같은 사람은 안 만난다나. 그렇지만 지금은 그녀도 날 좋아하는 것 같다! 고백하고 와서 일기를 이어쓰겠다! 부제용 파이팅! 고백을 하고 왔다! 누나가 나의 고백을 받아 주었다~ 눈 오는 크리스마스에 고백하면 무조건 이루어진다는 게 사실이었구나! (하지만 내 친구 종구는 오늘 차였다고 한다. 힘내라.) 아무튼! 애영 누나가 나를 받아주어 너무 행복하다. 내가 그 누구보다 행복하게 만들어 줄 테야!'

그 뒤로는 연애하던 시절 이야기가 써져 있었다. 몇 장을 넘기니 일기를 안 썼었는지 갑자기 날짜가 훅 지났다.

'2001년. 5월 31일. 일기를 오랫동안 안 썼다. 일기야, 미안하다. 일기야, 나 결혼한다! 사실 이미 결혼식까지 끝났다! 내가 사랑하는 애영 누나와 결혼을 하다니! 애영 누나는 참 아름다운 사람이다. 앞으로도 애영 누나를 행복하게 만들어주는 것이 내 목표다! 꼭 든든한 가장이 될 거다. 부제용 파이팅! 박애영 누나, 사랑해~'

"와, 뭐야. 진짜 사랑꾼이네."

'2001년. 8월 3일. 오늘 누나랑 싸웠다. 나도 모르게 투덜거렸다. 그래서 싸웠다. 나는 바보야. 그래도 사과를 했더니 누나가 받아줬다. 누나, 미안해.'

"우리 아빠 진짜 귀엽네. 미워할 수가 없는 연하남이구먼~"

'2002년. 9월 7일. 우리에게 아가가 왔다. 엄청 행복하고 믿을 수 없다. 책임질 각오는 했지만 누나가 많이 안 힘들어야 할 텐데.'

'2003년 7월 5일. 윤슬이 태어났다. 아직도 믿기지 않는다. 이제 태명 윤슬이 아닌 부해리라는 이름을 주었다. 바닷길이라는 뜻이다. 예쁘게 무럭무럭 자라게 내가 노력해야지! 애영 누나도 고마워~'

"내가 태어난 날에 일기가 써져 있다니…… 이거 재밌네."

이 뒤로는 가끔 쓴 육아 일기가 써져 있었다. 분유를 먹이는 것, 첫 이유식을 먹인 것, 기저귀를 간 것 등. 그렇게 보는데 그 장이 나왔다.

'2007년 4월 19일. 봄의 꽃이 다 떨어진 날. 그리고 누나도 곧 떠난다. 믿을 수 없다. 치료할 수 없다고 한다. 세상이 무너진 것 같다. 누나 없이 어떻게 살지?'

"이때였구나……"

종이가 우글거리고 잉크가 번진 걸로 보아, 눈물을 흘리면서 쓴 것 같았다.

'2007년 7월 24일. 어제 삼일장이 끝났다. 계속 우느라 정신이 없었다. 가족들이 해리를 맡아 주어서 다행이다. 마음이 찢어지도록 아프다. 그래도 내일부터는 내가 혼자 해리를 돌봐야 하니깐 힘을 내야 한다. 애영 누나, 나 잘해볼게.'

다시 눈물이 나기 시작했다. 나는 다섯 살에 엄마와 이별을 했다. 어쩌면 그래서 다행이었다. 하지만 아빠는 아니었다. 기대할 앞날이 가득할 서른하나. 아빠는 엄마를 잃고 세상에서 가장 강한 척을 해야 하는 가장 약한 사람이었다. 그렇게 아빠는 그 나이에 아내를 잃고 어린 딸을 혼자 책임져야 할 사람이 되었다.

'2007년 12월 25일. 마지막 일기가 칠 월 끝자락이었구나. 다행히 해리에게 들키지 않고 산타 할아버지의 선물을 전했다. 요즘 매우 정신없이 해리를 키우고 있다.

해리가 부족함을 느끼지 않도록 노력하고 있는데 잘하고 있는 건지 모르겠다. 오늘따라 더 보고 싶다. 따뜻한 크리스마스를 셋이서 보내고 싶었는데. 크리스마스에 고백하던 때가 아직도 생생하게 떠오른다. 그래도 우울하지 않게 잠들려 한다. 해리에겐 좋았을 크리스마스이니깐. 해리 혼자 행복한 날이 아닌 같이 행복했던 날로, 오늘을 좋은 날로 기억해야지.'

"맞아…… 매 크리스마스가 따뜻했었어. 아빠 덕분에."

'2021년 10월 23일. 거의 13년 만에 쓰는 일기이구나. 곧 해리가 대학을 간다. 해리가 고생이 많다. 그래도 원하는 꿈이 생겼다고 열심히 하니 얼마나 기특한지. 가장 자랑스러운 딸이다. 이런 딸에게 좋은 것만 주고 싶은데…… 못난 아빠가 또 이별만을 선물하구나. 내가 암이란다. 치료도 못한다는데 어째서 왜 우리 가족에게 이런 일이 일어나는 것일까. 지금 나의 상태는 이 일기를 처음 썼을 때보다 훨씬 지쳐있다. 하지만 해리 옆에 있어서 정말 행복했다. 우리 해리는 건강하겠지? 건강검진 좀 할걸. 이 나이에 암 걸려 떠나는 못난 아빠가 몇이나 있을까. 막막하다. 일단 해리가 입학하기 전까지는 말하지 않고 지내야겠다.'

대학교를 가기 위해 노력만 죽어라 했다. 근데 아빠는 나보다 더 힘든 시간을 혼자 보냈던 것이었다. 사랑하는 사람을 두고 떠나야 한다면 떠나기 전까지 그 사람 옆에만 있고 싶을 텐데. 아빠는 한 번도 티를 내지 않았다.

'2021년 12월 25일. 벌써 크리스마스이다. 오늘은 해리 맛있는 것도 먹이고 해리에게 선물을 잔뜩 사줬다. 나중엔 돈 그만 쓰라고 말리는데 얼마나 기특하던지. 그래도 해리는 아직 아가 같은데. 나도 내가 정말 밉다. 이런 아이를 두고 떠나다니. 해리를 한순간도 놓치고 싶지 않다. 아, 애영 누나. 나도 마지막 크리스마스를 보냈어. 즐겁게 보내려 했는데 아무리 마음을 다잡아도 착잡

하기만 해.'

나에게도 이날이 마지막 크리스마스였다. 항상 아빠와 같이 지냈었기에, 도저히 아빠 없는 크리스마스를 보낼 수가 없었다.

'2022년 3월 4일. 해리가 엊그제 입학을 했다. 딸에겐 미안하지만 말하지 못하고 돌아왔다. 못나기 짝이 없군. 난 이기적인 아빠다. 딸의 마지막 모습을 웃는 모습으로 기억하고 싶어서 작별 인사도 안 하다니. 요즘 곧 죽을 거라는 게 느껴진다. 통증이 심해진 것과 별개로 느낌이 안 좋다.'

그날을 아직까지 생생하게 기억한다. 입학하고 아빠가 내 자취방에서 하룻밤 자고 간 날. 그게 아빠와의 마지막 밤일 줄은 정말 몰랐다. 통증 참느라 얼마나 힘들었을까.

'2022년 3월 11일. 마지막 일기가 될 것이다. 더는 버틸 수가 없다. 해리야, 미안하고 행복하게 지내라는 부탁을 너에게 하고 간다. 엄마도, 미화도, 미희도, 지용이도. 그리고 가장 사랑하던 박애영까지. 모두 나의 삶의 한자리로 있어줘서 고마웠어. 사랑해.'

힘겹게 쓴 글씨였다. 글씨가 초등학생 글씨 마냥 떨고 있었다. 그렇게 그 일기가 아빠의 마지막 일기이자 글이었다. 일기 뒤쪽을 보니 해파리가 있었다. 가사를 열심히 쓰고 지우던 흔적까지 남아있었다.

"이게, 이게 뭐야. 왜 혼자 아파했었냐고."

또 한참을 울다 정신을 차리니 눈앞에 아빠의 MP3가 보였다. 이 MP3에 아빠가 듣던 노래가 있겠지. 아빠가 무슨 노래를 즐겨 들었었는지 궁금했다. 작동되길 바라며 전원을 켜본다.

"아, 작동된다!"

띡.

"나의 해파리야."

그 순간 몸이 굳었다.

"너의 바다가 되게 해주렴."

MP3에 담겨있던 건 다름 아닌 아빠의 노래인 해파리의 녹음본이었다. 이젠 그만 울고 싶은데 노래가 나오자마자 주저앉았다.

"너에게 푸른빛으로 남는다면 더할 나위 없이 행복할 거야."

아빠도 나에게 푸른빛으로 곤히 남아있어.

"한껏 안아주렴."

날카로운 세상에서 등으로 다 막아주며 나를 안아주던 아빠가 떠오른다.

"그러면 너는 네가 채울 거처를 찾으렴."

시서랑이 만든 멜로디와 비슷했다. 연주는 시서랑보다 못했지만 또 다른 분위기가 있었다. 이젠 이 노래에 답할 수 있다.

"아빠, 이젠 외롭지 않아."

노래가 끝나고 소음이 들려온다. 이어서 다음 곡이 재생된다.

"해리야~ 가만히 있어보라니깐."

아빠의 목소리와 어린 나의 웃음소리가 들린다.

"아빠가 해리를 위해서 노래를 썼어! 한 번 들어봐~"

"나의 해파리야~"

처음으로 아빠가 나에게 해파리를 들려주던 날의 녹음본이었다. 아까와는 달리 소음과 내 웃음소리가 뒤섞인 노래였다. 그렇게 노래가 끝나나 싶었다.

"딸, 사랑해~"

이 MP3는 아빠가 나에게 남긴 선물일까.

"고마워…… 고마워, 아빠. 너무너무 고마워."

그렇게 나는 마음 깊숙이 고여있던 나머지의 눈물까지 전부 쏟아 흘려보내고 아빠의 기타를 챙겨 나왔다.

"엇."

모두가 1층에서 나를 기다리고 있었다. 다 안다는 듯 모두 나를 향해 웃음을 보내준다.

[혼수 상태]

"빨리 와라~ 밥 먹게."

"네!"

할머니가 차려주신 밥을 먹는 게 얼마 만인지. 서울에서 먹던 밥상과는 확연히 달랐다. 밥상에서 바다 냄새가 풍긴다고 해야 할까.

"서랑이, 맛있어?"

"네! 정말 맛있습니다!"

그렇게 저녁밥을 먹고 조금 쉬다가 야시장을 갔다.

"와, 맛있겠다."

"길 잃지 말고 잘 따라오기나 해라."

할머니의 말에 등 떠밀려 삼촌도 같이 왔다.

"삼촌이 다 사주시는 거죠?"

"이지우. 너 두 번 사주다간 거지 꼴 난다."

야시장은 사람이 북적였다.

"뭐야, 다들 주무시러 갔어요?"

"우리 집 여자들은 신데렐라야. 시간이 딱 되면 각자 집 가서 드라마 본다고."

"아, 왜 같이 안 본대?"

"또 각자 취향이 있어요~ 자, 먹으면 다 치우고. 어른은 빠져준다~"

그렇게 우리끼리 마당에 있는 평상에 앉아 사 온 것들을 꺼내 술과 함께 먹었다.

"다들, 고마워. 말로 표현할 수 없을 만큼 정말 고마워. 여기 있는 셋 아니었으면 나 아직도 못 벗어났을 거야."

"우리도, 우리도 돌아와 줘서 너무 고마워."

지우의 말에 김찬도 이어 말한다.

"나도. 나도 고, 고마워."

그리고 여기까지 오는데 큰 도움을 준 시서랑이 말한다.

"앞으로도 쭉 행복하게 내가 도울게."

"으, 조금 오글거린다. 자자, 짠합시다!"

"짠!"

조금 지나지 않아 열두 시가 되어간다.

"셋, 둘, 하나! 부해리! 생일 축하해!"

"생일 축하합니다~ 생일 축하합니다~ 바다 공주, 부해리~ 생일 축하합니다~ 와!"

아빠가 떠나고 보내는 생일 중에 가장 행복한 생일이 될 것 같다. 그렇게 새벽까지 놀다가 지우와 김찬은 지우 집으로 갔다.

"우리도 슬슬 정리할까?"

"잠깐만!"

더없이 미숙하지만, 나도 사랑하는 사람에게 노래를 주고 싶었다. 아빠와 시서랑처럼. 미리 갖다 둔 아빠의 기타를 챙겨 다시 시서랑 앞에 앉는다.

"아, 잠시만. 도저히 못하겠네."

생각보다 너무 떨려서 맥주 한 캔을 한 번에 털어 마셨다.

"너, 너 취했어? 뭐해? 뭐, 뭘 그걸 한 번에…… 기타는 또 어디서 갖고 오고?"

"쉿!"

나도 느껴졌다. 난 지금 취했다. 오히려 다행이다. 맨정신으로는 절대 못 불러줄 테니깐.

"나, 나 이렇게 남한테 노래 선물하는 거 처음이거든요? 그, 그러니깐 웃지 말고요. 알겠죠?"

"뭐?"

"크흠, 고맙다는 그 말, 당신에게 드려요. 나에게 거처로 다가와 준, 당신에게 드려요. 지겹도록 말해요. 고맙다는 그 말. 고마운 마음에서 이어졌을까. 사랑한다는 말도 하고 싶어져요. 당신에게 드려요. 사랑한다는 그 말. 누구보다도 고마워한다고. 누구보다도 사랑한다고. 당신에게 드려요. 기꺼이 당신의 거처가 되겠다고 말해

90

요. 당신이 모를 정도로, 고맙고 사랑해."

노래 부르랴, 기타 치느라 시서랑을 못 봤다. 노래가 끝나고 떨리는 마음으로 시서랑을 본다.

"뭐, 뭐야?"

시서랑은 엄청난 감동을 먹은 표정으로 울고 있었다.

"야, 너 뭐야…… 왜 갑자기……"

"아니, 뭐."

"안아도 돼?"

"어?"

시서랑은 날 안고 울었다.

"흐어엉, 얼마나 힘들었어. 그런데도 다 극복하고 나한테 노래까지 써주고. 기특해."

"뭐야, 왜 이래."

갑자기 시서랑이 내 어깨를 잡고 말한다.

"내가 끝까지 옆에 있을게. 알겠지?"

술이 확 깼다. 아닌가, 아직 취해있는 건가. 시서랑과 눈이 마주치니 갑자기 분위기가 이상해졌다. 그렇게 처음으로 시서랑과 입을 맞췄다. 달그락.

"아, 미안……"

이모였다.

"아니…… 나는 너네 취해서 자고 있을까 봐…… 밖에서 자면 입…… 돌아가잖아."

시서랑한테는 미안하지만 그 상황을 못 버티고 시서랑과 이모를 마당에 둔 채로 도망쳐 내 방으로 들어왔다.

"으음."

"잉, 일어났어? 밥 먹게 나와라~"

눈을 뜨니 할머니가 있었다. 눈을 떴을 때 누가 있는 게 익숙하지 않다. 거실로 나오니 시서랑이 있었다. 고백받고 나서의 날처럼 어색했다.

"허, 할머니…… 아침밥 맞아요?"

"그럼 이게 저녁밥이여?"

아침부터 든든하게 밥을 먹고 지우와 김찬까지 해서 해루질을 하러 갔다.

"얼마나 잡을 수 있다고 한다는 겨."

"해보면 좋지~ 아이고, 다 곱네 고와."

할머니는 여기서 해녀 대장이라고 불린다. 해녀복을 입은 후에 바다로 들어갔다. 아, 김찬은 빼고.

"너네도 조심해."

"뭐야? 왜 너는 안 들어가냐?"

"네? 아, 저는 물에 못 들어가요."

"오매, 사내가 저 지지빠이들도 다 들어갔는데."

"옥순아! 갸는 물 못 들어가니껭 그냥 내버려 둬라."

"와, 부해리 물 만난 물고기네."

오랜만에 물에 들어오니 정말 물 만난 물고기처럼 몸이 움직였다.

"잘 먹겠습니다!"

점심으로는 우리가…… 거의 나와 할머니가 잡은 해산물을 먹었다. 오랜만에 수영을 했더니 졸려서 다 같이 마루에서 낮잠을 자고 일어났다.

"어이, 젊은이들. 아직 해가 중천인데 벌써 자면 어떡하나. 낚시 간다며."

저녁에는 삼촌 배를 타고 낚시를 갔다.

"와, 낚시꾼 부해리 아직 안 죽었네."

나도 다 까먹었을 줄 알았는데 물고기가 넝쿨째 굴러오듯 계속 잡혔다. 잡은 물고기는 바로 배 위에서 먹었다.

"아, 피곤하다."

"해리야, 잘 자~"

"네? 아, 네. 아니, 어. 잘 자"

그렇게 마지막 날 아침이 밝았다.

"벌써 마지막 식사네. 해리랑 서랑이 맛있게 먹어~"

"네, 고모!"

아쉽지만 일찍 집을 나서 맛집과 카페를 들렀다가 집

으로 돌아가야 한다.

"할망이 한 번 안아보자."

"할머니, 고마워. 아니, 다들 다 고마워요. 기다려 줘서. 내가 늦었던 만큼 부지런히 따라잡을게요. 자주 올게요."

나는 내 앞에 있는 사람들을 찬찬히 둘러보며 말했다.

"할망은 우리 강생이, 건강만 하면 된다. 알겠지? 조심히 가거라."

모두와 포옹을 하고 우리 넷은 해수욕장을 거닐다가 점심을 먹으러 맛집을 갔다.

"아, 해리 할머님이 차려주신 밥 먹다가 이거 먹으니깐 맛집이 아닌 것 같다."

"서랑 오빠도 알았구나. 해리네 할머니가 여기 동네에서 손맛이 제일 좋다고 유명해~"

"맞아. 해리 할머님이 셰프 요리보다 맛있어."

할머니 칭찬에 괜히 내가 다 뿌듯했다. 밥을 다 먹은 후에는 카페를 갔다. 그리고 다들 이제까지 진지하게 생각해 오던 것들을 말했다.

"나, 음악 프로그램 나가보려고. 마음에 들더라고."

"나는 곧 패션쇼 참여해! 운 좋게 파리로 간다~"

"나는 전시회. 뭐, 작은 곳에서 할 것 같긴 한데."

모두 한 마디, 한 마디에 진심을 담은 응원으로 답했다.

"나, 나는…… 유학 가."

"그래. 열심히…… 뭐?"

"어?"

"뭐야."

"결국 가기로 했어. 알잖아, 원래 제주도가 아니라 유학 가려고 했던 거. 부모님이 지금 가면 좋을 것 같다고 하셔서 가보려고."

"야, 그런 게 어딨어. 싫어."

지우는 싫다며 김찬을 말렸다.

"너는? 네가 원하는 거야?"

"응. 다른 나라에서 배우는 것도 좋지. 마지막으로 해외에서 지내던 게 중학교 때였으니깐…… 지금 다시 가고 싶어. 영원히 안 오는 것도 아니야."

"하, 왜 하나가 돌아오니깐 하나가 간다는 거야."

지우가 투덜거렸다. 지우도 속상하겠지. 그렇게 이야기를 나누고 마지막으로 바다를 보러 갔다.

"부해리. 잠깐만 나랑 이야기 좀 해."

"나랑?"

"어."

마지막이니 시서랑과 지우가 그러려니 보내줬다.

"왜."

"잘 지내. 지우도 잘 챙기고…… 그리고 이제 너 안 좋아할 거니깐 내가 연락해도 꺼려 하지 마."

"별 걱정을 한다. 처음부터 좋아했던 것도 다 아는데도 이렇게 잘만 지내왔는데."

"어?"

"하여튼, 거짓말은 하나도 못해요. 너 전학 오자마자 나한테 반했잖아."

"아니, 그래. 뭐, 이미 다 알고 있었을 텐데. 오랫동안 좋아했다. 너 좋은 사람이야. 불편하게 좋아해서 미안했다. 그래도…… 내 첫사랑으로 남아줘서 고맙다."

"그래. 너도 미안해 하지마. 사랑하는 게 마음대로 되냐. 잘 지내고, 연락 자주 해. 지우 삐지면 이제 지우가 우리 안 보게 생겼으니깐."

"그래, 가자."

그렇게 우리 넷은 제주도에 서로의 꿈을 풀고 서울로 돌아왔다.

"와, 사람 생각보다 더 많다."

"그러게…… 시서랑 우리 보일까?"

많은 참가자들이 지나고 시서랑이 나온다.

"으아, 어떡해. 겁나 떨리겠다."

"안녕하세요! 저는 가수를 꿈꾸는 시서랑이라고 합니다!"

"이번 참가자는 SNS에서 꽤나 핫하신 분이던데요? 이미 팬도 있으시고. 기대가 커요."

"앗, 감사합니다."

"그럼 한 번 들어봅시다."

"내 파도에 물결을 일러~"

시서랑은 파랑을 불렀다. 반응은 참가자 중에 가장 좋았고, 통과를 받았다.

"축하해. 완전 인기 많던데?"

"아~ 진짜 떨렸어. 생각보다 떨리더라."

이후에 시서랑은 여러 차례 통과를 받고 마지막 라운드까지 올라갔다. 마지막 라운드에서 일등을 하면 상금과 대형 기획사의 캐스팅 제안을 받을 수 있다.

"마지막 무대 곡도. 자작곡으로 준비했어요. 기타라는 곡이고요! 잘 부탁드립니다."

지우는 촬영 기간 사이에 파리로 패션쇼를 갔고, 찬이도 떠났다. 나도 전시회 준비로 매 촬영마다 보러 가지 못하다 마지막 촬영을 보러 온 것이었다.

"난 한 발자국 더 나아갈게."

마지막 곡으로 시서랑은 최종 우승을 했다.

"소감 부탁드립니다~"

"아, 네! 프로그램 참여하면서 엄청난 사랑과 관심을 받았습니다. 정말 감사드리고요! 이제 여러분 앞에 가수라는 이름을 걸고 설 날이 기다리고 있네요. 근데…… 미리 말씀을 드리자면 저는 여자친구가 있습니다."

시서랑의 한 마디에 현장은 소란스러워졌다.

"아니, 저걸 왜 말해?"

속마음이 입 밖으로 튀어나왔다. 옆에 있던 사람들이 나를 쳐다본다.

"그러니깐, 가수로서 최선을 다하겠습니다."

"아니, 그걸 왜 말했어?"

"마음 편하게. 팬분들이 장가와달라, 사귀어 달라……
그런 거 있잖아. 들을 때마다 괜히 속이는 것 같고. 말
할 타이밍 놓쳤다가 더 큰 관심으로 쏠린다니깐."

연애 사실을 밝혀도 시서랑의 캐스팅 제안은 수없이
들어와 한 대형 소속사로 들어갔다. 그 시간에 나는 전
시회 준비를 계속 해나갔다. 혼자 그림을 그리는데 괜히
공허함이 느껴진다. 이젠 외로움 따위 느끼지 않겠구나
싶었는데 한 번에 모든 사람들이 곁에서 떨어지니 공허
함이 한 번에 몰려 온다. 어느 날이었다. 평소처럼 작업
을 하고 집으로 일찍 들어간 날이었다. 그리고 다음 날
작업실 문을 여는데……

"꺄악!"

어제 작업하던 그림이 뚫려 있었다.

"아니, 누가……"

눈물이 나오기 시작했다. 왜 이렇게 눈물이 많아졌는
지. 그림이 찢어져서가 아니다. 생각보다 지우의, 김찬의,
시서랑의 빈자리는 컸다. 괜히 무기력해진다. 그래도 정
신을 차리고 다음 날 경찰에 신고를 했다. 사라진 물건
은 없었지만 어쨌든, 누군가가 작업실에 침입을 했기 때
문에. 신고를 하고 작업실로 돌아오니 시서랑한테서 전
화가 왔다.

"어디야?"

"작업실이야. 연습하고 있어?"

"응~ 잠깐 쉬는 시간이야! 요즘 피곤하다며."

"응……"

"무슨 일 있어?"

보고 싶다고, 사랑한다고 말하고 싶었다.

"어? 어, 아니야."

괜히 말했다가 시서랑한테 신경이 갈까 말하지 않았
다. 그렇게 전화를 끊고 찢어진 작품을 봤다. 이상하게
도 어제와 달리 그 그림을 다시 보니 열정이 나고 힘이
나는 것 같았다.

"음, 이 상태로 내도 괜찮을 것 같은데."

그렇게 그 그림은 전시회의 메인 작품으로 걸렸다. 전시회는 생각보다 많은 분들이 찾아 주셨다. 우리 학교 학생들, 교수님부터 제주도 가족분들까지. 전시회는 일주일 동안 진행됐다. 날이 갈수록 인터넷을 보고 와주시는 분들도 늘어났다. 마지막 날, 마감 시간이 되어 정리를 시작했다.

"하, 부해리. 잘했어."

근데 괜히 또 눈물이 났다. 성공적인 전시회였는데 가장 보여주고 싶었던 지우, 찬, 시서랑이 안 와서인지 아쉬운 마음이 들었다.

"축하해!"

뒤에서 갑자기 누군가 축하한다고 소리쳤다. 꽃다발과 케이크를 든 지우, 시서랑과 김찬이었다.

"뭐야?"

"와, 화가님~ 인터넷에서도 난리가 났던데요?"

"역시 비행기 타고 오기 잘했어."

"뭐야…… 다들 왜 왔어."

말과 달리 행복해서 눈물이 났다. 셋은 천천히 작품 구경을 했다. 그러다 시서랑이 눈치를 보다 나에게 말을 걸었다.

"잠깐 나가서 이야기 좀 해."

"왜 다들 저번부터 나와서 얘기하재? 뭔데~"

"왜 말 안 했어."

"어?"

"그림. 누가 작업실 들어와서 찢고 간 거라며. 왜 나한테 말 안 했어?"

"아, 별거 아니잖아. 별것도 아닌데 괜히 바쁜 사람한테 왜 말해."

"별거? 그때 너 작업실에 있었으면 어떻게 될 줄 알고. 경찰에 신고까지 했다면서 왜 나한테는 말을 안 했어?"

97

"아, 별거 아니라니깐."

오랜만에 만났지만 그리 좋지 못하게 시서랑을 보냈다.

"작품 다 멋있다. 수고 많았어~ 난 피곤해서 집 가서 좀 자야겠다."

"나도 곧 출국 시간이라서 가야겠다~ 잘 보고 간다."

"아, 해리야. 무사해서 다행인데 조심 좀 해. 시서랑이 너 엄청 걱정하더라. 시서랑 말대로 그때 너 작업실에 있었으면…… 아무튼 정상은 아닐 거 아니야. 조심해."

"걱정하지 마~ 조심할게."

정리를 다 하고 마지막으로 그림만 빼면 된다.

"잠시만요!"

"으아! 누구세요?"

"아, 저는 기자입니다. 예술 쪽 기사를 맡고 있어요."

기자가 명함을 건네며 말을 한다.

"요즘 SNS에서 해리 양 그림 유명한 거 아시죠? 아주 난리 아닙니까?"

"아, 아니……"

"혹시 인터뷰 가능하십니까!"

"네?"

그렇게 갑작스러운 인터뷰를 했다. 기사는 집에 와서 확인해 보니 올라와 있었다.

"와, 내가 기사까지 나다니."

한 시간쯤 지났을까. 시서랑에게서 전화가 왔다.

"어, 집 들어갔어?"

아까 대화로 조금 어색해진 것 같았다.

"응, 방금 들어왔어."

"해리 기사까지 진출했네~ 이러다 정말 유명해지는 거 아니야? 축하해."

"에이, 그 정도는 아니거든."

짧게 시서랑과의 통화를 마친 뒤 노트북을 켜서 메일을 확인했다.

"뭐야?"

많은 메일들이 와있었다. 전시회 참여 제안 메일, 그림 문의 메일, 방송 출연 메일까지.

"아, 안녕하세요. 저는 그림 그리는 대학생 부해리라고 합니다."

"이야, 요즘 핫한 화가님 아니십니까!"

또 어쩌다 보니 방송 출연까지 하게 되었다.

"전시회 작품이 총 다섯 그림이더라고요! 소개 부탁드립니다!"

"아, 네! 우선 첫 번째 작품은 설탕물 바다입니다. 바다가 소금물로 이루어져 있잖아요? 그게 설탕물이라면 어떨까…… 싶어서 그린 작품입니다."

"아, 배 위에 포대가 설탕이었군요? 근데 일반적으로 우리가 설탕 바다라고 했을 때 떠올리는 분위기와는 다른 분위기네요? 설탕이라 하면 핑크빛, 행복 이런 키워드가 생각나는데! 굉장히 어둡고…… 뭐랄까, 무서운 분위기?"

"네. 바다를 사람으로 둔다면 내 안에 있는 설탕같이 달콤한 사랑을 허락 없이, 무한대로 가져가버리는 타인을 표현한 거예요. 바다의 소금처럼요."

"아! 그런 스토리가 있었군요. 심오하네요. 그럼 다음 작품도 설명 들어볼게요."

"다음은 바람을 이기지 못하는 바다입니다. 바람과 바다를 크기로 비교하면 뭐가 더 클 것 같으신가요?"

"음…… 바다? 바다가 더 무겁고…… 그런 것 같네요."

"저도 그렇게 생각해요. 크기도 바다가 더 큰 것 같고, 무게는 바다가 훨씬 무겁죠. 하지만 작은 바람에도 바다는 이기지 못하죠. 바람이 불면 물결이, 더 강한 바람이 불면 파도가 치잖아요."

"오, 그럼 그것도 사람에 비유한 표현인 건가요?"

"맞아요. 제 작품은 다 사람을 떠올리면서 그린 바다라고 생각하시면 돼요. 우리도 작은 것에 많이 휩쓸리잖아요. 사랑이든, 우울이든."

"표현력이 재밌으시네요. 다음 작품도 기대가 됩니다!"

"하하, 감사합니다. 다음은 바위 품는 바다라는 작품입니다. 아깐 바다와 바람이었는데요, 그럼 이번엔 바위가 바다에 가라앉을 것 같나요, 아니면 바다가 바위에 가라앉을 것 같나요?"

"당연히 바위죠!"

"바위를 바다에 던지면 가라앉잖아요. 이 작품에선 바위가 아픔이거든요. 바닷속에는 바위가 수없이 많잖아요. 아무리 큰 아픔이더라도 결국 품는 거죠."

"맞아요. 아픔도 결국엔 품을 수밖에 없는 게 인생이죠. 스토리가 작품을 더 빠져들게 만드는 것 같네요. 다음 작품은 제가 좋아하는 작품인데요! 휩쓸리기 전. 제가 가장 좋아하는 작품입니다!"

"와, 정말요? 저도 그 작품 안에 소녀를 좋아합니다. 휩쓸리기 전을 보시면 가운데 숏컷머리의 소녀가 큰 파도가 치는 바다에 뛰어들려 하죠? 어차피 휩쓸릴 거, 먼저 뛰어들어 버리는 거죠."

"제가 작품 보는 눈이 좀 있는 것 같네요. 자, 벌써 마지막입니다. 이번 전시회 메인! 길이라는 작품은 관심을 정말 많이 받았는데요, 작품을 직접 찢으신 건가요?"

"아니요, 누군지는 모르겠지만…… 제가 자리를 비운 사이에 작품을 찢고 도망갔더라고요."

"네? 아니, 무슨……"

"뭐, 덕분에 이런 작품을 만들었죠. 처음엔 화도 나고, 짜증 나기도 했는데…… 계속 보니 찢어진 모습이 낫더라고요. 바다를 가르면 문제가 생기는 게 아니라 길이 생기잖아요. 이 작품이 그런 의미예요. 아무리 깊은 상처일지라도 나에겐 그저 길일뿐이다."

"저였으면 그저 화만 났을 텐데…… 그런 생각을 떠올리시다니. 역시 예술가는 아무나 하는 것이 아니네요!"

그렇게 첫 전시회는 만족으로 남았다. 몇 번의 전시회

가 열린다고 해도 나의 첫 전시회는 나의 바다 중 하나로 계속 머무를 것이다.

"자, 지금까지 화가 부해리 양과 재무현이었습니다! 앞으로 해리 양의 길을 응원할게요~ 감사합니다."

"감사합니다!"

우린 저마다 각자의 자리에서 감사를 표하고 있었다. 모두 각자의 관객에게.

[거처 없이 떠돌던 그 해파리는]

"감사합니다."

나는 내 그림을 봐주시는 분들께.

"감사합니다!"

지우는 자신의 옷을 봐주시는 분들께.

"아, 감사합니다."

찬은 자신의 빵을 먹어주시는 분들께.

"감사합니다~"

시서랑은 자신의 노래를 들어 주시는 분들께. 우린 모두 다 다른, 각자의 무대에 설 수 있게 되었다. 나는 유명한 화가로 활동하고, 지우는 패션계에서 유명한 디자이너로 활동하고, 찬은 하던 미술을 그만두고 유명한 파티시에로 활동하고, 시서랑은 유명한 가수로 활동하고. 각자 자신의 무대에 섰다. 그리고 그런 우리에게 감사하게도 우리의 무대를 봐주시는 관객들이 있었다. 여기까지 금방 온 것 같기도 하고, 길었던 나날들을 보냈던 것 같기도 하다. 그래도 우린 꽤나 평평한 길로 온 것 같다. 하지만 사람은 아무리 평평한 바닥을 걸어도 넘어진다.

"아니, 누가 그래요?"

어느 날은 시서랑이 악플로 인해 넘어졌었다.

"나 참, 시서랑이 악플로 상처받을 줄이야."

"나도 그렇게 생각했어. 별거 아니라고. 근데 모두가 날 가리키고 미워하는 것 같은 게 얼마나…… 어, 왜 전원 꺼? 매니저 형한테 연락 올 수도 있어."

"이거 봐. 별거 아니잖아. 이거 하나 누르면 빠져나올 수 있는 세계인데, 왜 여기에 갇혀 아파해?"

하지만 괜찮다. 넘어져도 누군가가 옆에 있다면 아무리 크게 넘어져도 일어날 수 있다. 일으켜줄 사람이 있으니깐.

"해리님. 해리 화가는 이 그림만으로도 남에게 위로를 전하잖아요? 한 번 말로 해리 화가의 팬분들께 위로를

102

전해주실 수 있을까요?"

"파도가 아무리 쳐도, 파도가 치는 그 순간에도. 그 순간에도 수평선이 있다는 걸 아시나요? 파도가 아무리 높아져 여러분을 덮칠 것 같아도 파도가 잠깐이라도 내려오는 순간 바다에는 수평선이 생겨요. 아무리 힘들어도 여러분들께도 수평선이 나타날 테니 힘내시길 바라요. 제가 응원할게요. 파이팅."

나조차 가꾸지 못하던 나는 어느새 남을 응원할 여유까지 생긴 사람이 되었다.

"어쩌다 보니……"

지우와 찬은 꽤 일찍 청첩장을 건넸다. 지우는 파리 출장을 가면 찬이 하는 빵집을 간다.

"찬이, 성공했네. 파리에서 유명한 빵집 사장이라니."

"지우 너도 성공했네. 출장으로 파리에 와서 제일 유명한 빵집에서 빵이랑 커피를 다 마시고."

"좋아하는 일을 하면 끝도 없이 할 수 있다니깐. 근데 여긴 올 때마다 예쁘다. 여기선 누구랑 같이 있어도 사랑에 빠지겠는데."

지우가 이 말을 하는 순간 둘의 눈이 마주쳤다고 한다.

"그러게. 네가 예뻐 보이는 이유인가."

"어?"

"우린 왜 일하러 여기에 있냐. 저기만 봐도, 여기만 봐도. 다 사랑하는 사람이랑 있잖아."

"뭐, 뭐. 분위기에 취했냐? 그런 걸 왜 나한테 말해."

"네가 파리에서 사랑하는 사람이랑 있었으면 좋겠어. 그냥 일하다 놀러 온 빵집 사장 앞말고."

"뭐라는……"

"넌, 나 안 좋아?"

"어?"

"난 너 오는 날만 열심히 기다리고 있었는데. 여기서 원래 계란빵 안 팔거든? 네가 좋아하니깐 만들지. 내가 너한테 표현할 방법이 이 빵밖에 없는 거 싫어."

"빵 아니면, 뭐."

"Je t'aime."

"부해리! 꽉 잡아!"

"응!"

"자, 던진다…… 하나, 둘, 셋!"

"으아, 아."

지우가 나에게 던진 부케를 잡아야 하는데 지우가 너무 멀리 던져버렸다. 저걸 못 잡는다고 결혼을 못 하는 건 아니지만 멀리 던져지는 부케를 보니 괜히 내 결혼이 멀어질 것 같은 쓸데없는 생각이 들었달까.

"아, 잡았다!"

하지만 멀리 던져지던 부케는 시서랑이 잡았다. 이제까지 불안했던 모든 걸 없애주던 것처럼.

"와, 둘이 결혼하고 싶다고 소문내는 거야?"

지우와 찬의 결혼식이 끝나고 얼마 지나지 않아 우리도 영원을 약속했다.

"눈치챈 것 같네."

"아, 적당히 티가 나야지…… 대놓고 꾸미고 와선 하루 종일 긴장하고 있는데."

"네 앞에선 안 떨릴 수가 없잖아. 뭐, 서프라이즈는 실패고. 크흠, 해리야. 나는 아직도 널 만나는 하루하루가 너무 행복해. 나도 노력하고 있지만…… 내가 느끼는 행복감을 너도 느끼기엔 내가 부족하지. 근데, 나는 앞으로도 너 옆에 단단히 머물러서 널 지켜주고 행복하게 만들어 주고 싶어. 영원의 무게는 생각보다 많이 무겁더라. 그래도 나는 너랑 영원을 약속하고 싶어. 나랑 결혼해 줄래?"

"응. 나도 서로 상애 하는 우리 사이가 좋아. 나도…… 앞으로도 오빠랑 서로 사랑하고 슬퍼하는 사이로 지내고 싶어. 그냥, 그렇게 오빠랑 평생 살고 싶어. 나는 좋아."

"아, 어쩌면 좋아. 날이 갈수록 더 좋아지는데. 이렇게 예쁘장한 얼굴로 말도 이렇게 예쁘게 하는데 내가 안 반할 수가 있나. 나도 너무 좋아. 결혼해."

신혼여행은 하와이로 가게 되었다.

"난 외국 시장 보는 게 재밌더라~ 헐, 이거 귀엽다!"

"좋아?"

"응! 행복해~ 어? 저기 액세서리 파나 봐."

"생각보다 별로…… 어, 이 팔찌 예쁘다! 어디서 많이 봤는데……"

"이거 내 목걸이랑 똑같은 디자인인데?"

"헐! 그러네."

"이번엔 오빠가 사서 차고 다녀~ 커플 템이네~"

"예쁘다! 탐내더니 결국에 샀네. 아, Mahalo~"

"마할로…… 내가 말했지. 금방이라고……"

"와~"

제주도 바다도, 부산 바다도 아닌 하와이 바다 앞에 있다니.

"짠! 내가 하와이에서 피냐 콜라다를 마시다니. 제주 도에서 한라봉 주스만 마시던 부해리! 출세했다~"

"난 한라봉 주스가 더 맛있는 것 같아."

바다를 향해 가장 그리운 사람을 외쳐본다.

"아빠! 나 이 정도면 꽤나 잘 살고 있는 거지?"

그러자 저 멀리에서 뱃고동 소리가 들렸다. 우린 놀란 눈으로 서로를 바라봤다.

"와! 아버님이 대답을 해주셨네~ 아버님, 안녕하세요!"

"아, 다 쳐다보잖아."

말은 툴툴거렸지만 기뻤다. 정말 뱃고동 소리가 아빠 의 대답인 것 같아서. 꿈을 꾸던 대학생의 우리는 어느 새 꿈을 다 이룬 어른이 되었다. 모든 걸 말하고 끝낼 수는 없다. 그래도 확실한 걸 말하자면, 결국에는 좋은 결말이다. 어떤 파도가 쳐도, 어떤 유랑에 빠지든지. 결 국, 결국에는 좋은 결말을 맞이하게 된다. 우리는 살아

가면서 죽을 듯이 힘든 순간이 있다. 그럼에도 누군가의 거처가 될 만큼, 모든 걸 버티고 짊어 남의 거처가 될 만큼의 사랑을 하는. 그것만큼 좋은 결말이 또 있을까.

[에필로그]

    아파하던 그 해파리는 어쩌다 이별을 하고, 어쩌다 사랑을 하며 유랑을 거짓말같이 딛고 일어나 성장을 하여 누군가의 거처가, 파랑성이 되었습니다.

[해파리] 부제용

나의 해파리야
너의 바다가 되게 해주렴
너의 전부가 되게 해주렴
너의 마음이 되게 해주렴
너의 심장이 되게 해주렴
나의 모든 걸 바쳐 너에게 주게 해주렴
너에게 푸른빛으로 남는다면
더할 나위 없이 행복할 거야
너에게 반짝이는 윤슬로 남는다면
더할 나위 없이 감사할 거야
한껏 안아주렴
네가 사랑하는 것
네가 좋아하는 것
너의 세상을 안아주렴
그것만 해도 괜찮아
하물며 아무 생각 없이 떠돌아다녀도 괜찮아
그러다 너의 심장을 채우지 못한다면
내가 채워주게 해주렴
그러면 너는 네가 채울 거처를 찾으렴

[파랑] 시서랑

내 파도에 물결을 일러
넌 내 파도에 잔물결을 일렀다가도 큰 물결을 일러
네 물결에, 네 파도에 휩쓸릴 것 같아
아니, 이미 휩쓸리고 있는 것 같아
내 바다의 물에 결을 만들어
그 결대로 난 따라갈 거야
내 바다도 네 결을 맞춰 갈 거야
네 결대로 난 흘러
그러니 내 바다에 결을 만들어 줘
내 파도에 물결이 일러
넌 내 파도에 잔물결을 일렀다가도 큰 물결을 일러
네 물결에, 네 파도에 휩쓸리고 말아
으음, 아마 앞으로도 휩쓸릴 것 같아
내 바다의 물에 결을 만들어
그 결대로 난 따라갈 거야
내 바다도 네 결을 맞춰 갈 거야
네 결대로 난 흘러
그러니 내 바다에 결을 만들어 줘

[거처] 부해리

고맙다는 그 말
당신에게 드려요
나에게 거처로 다가와 준
당신에게 드려요
지겹도록 말해요
고맙다는 그 말
고마운 마음에서 이어졌을까
사랑한다는 말도 하고 싶어져요
당신에게 드려요
사랑한다는 그 말
누구보다도 고마워한다고
누구보다도 사랑한다고
당신에게 드려요
기꺼이 당신의 거처가 되겠다고 말해요
당신이 모를 정도로
고맙고 사랑해

[유랑] 시서랑

나의 파도야
네가 닿은 이곳은 나야
떠돌던 너도 충분히 아름다워
하지만 많이 지친 상태이겠죠
당신은 지금 목적지인 거처를 찾은 것 같네요
당신에겐 부족한 거처일지도 몰라요
그대가 내게로 흘러 들어오죠
내 바닷물에 설탕을 뿌리듯이
내 바다는 소금물이 아닌 설탕물 바다가 되어요
나의 바다를 달콤하게 만들어준 당신에게
보답을 해야죠
당신에겐 부족한 거처일지도 몰라요
하지만 완벽하진 못해도 당신의 거처가 될게요
지친 당신만을 기다렸어요
아파하는 것도 괜찮지만
이젠 안 아프길 바라요 떠돌아도 괜찮지만
이젠 안 떠도길 바라요 내가 거처가 될 테니
푹 쉬길 바라요
상처에 소금이던 바닷물은
이젠 당신 덕에 달콤한 바닷물이 되어 우리의
바다를 만들어요

[작가의 말]

안녕하세요. '유랑'을 쓴 작가 박민서라고 합니다. 우선 저의 이야기를 들어주신 여러분들께 감사의 말씀을 드립니다. 처음 쓰는 이야기라 많이 미숙합니다. 그럼에도 지금 이 글을 읽어주시는 분이 계신다면 저는 더할 나위 없이 행복할 것 같아요. 우선 제목이자, 이번 이야기를 표현할 단어인 '유랑'이라는 단어는 '일정한 거처가 없이 떠돌아다님'이라는 뜻을 갖고 있는 단어랍니다. 저는 모든 생물들이 유랑을 겪는다고 생각해요. 유랑 상태에서 거처를 찾아도 살아가는 한 유랑은 계속 찾아온다고 생각합니다. 독자님들은 지금 유랑 상태이신가요? 저 또한 유랑 상태입니다. 하지만 계속 떠돌아다니다 보면 우리에게 맞는 거처를 찾을 수 있지 않을까요? 청소년 독자님들은 특히나 바다 한가운데에 둥둥 떠도는 느낌을 받고 계시지는 않나요? 저도 청소년이거든요. 물론, 우리는 어른이 되어서도 유랑을 겪을 거예요. 미래가 불분명하고 보이는 건 아득한 바다뿐인 것 같아요. 하지만 그러던 중 갑자기 이 글을 쓰게 되었어요. 이걸 쓰면서 조차도 불안했어요. 하지만 하고 싶은 것조차 없었던 저는 유랑을 쓰면서 '꼭 완결을 내서 출판을 하고 싶다!'라는 목적이 생겼답니다. 이걸 읽고 계신 독자님들이 계신다면 저도 거처로 잘 헤엄치고 있는 거겠죠? 그러니 여러분들도 앞이 안 보이고, 막막해도, 아득하게만 느껴져도 마음껏 헤엄쳐 보세요. 세상에 전부가 바다도 아니고 계속 헤엄치다 보면 뭍이 나오겠죠! 여러분들은 무조건 거처를 찾으실 수 있어요. 거처에서 지낼 수 있는 시간은 얄밉게도 유한적입니다. 어쩌면 거처가 마냥 실망스러울 수도 있어요. 그래도 그건 여러분의 거처가 아니니 다시 헤엄쳐 여러분의 거처를 찾으시면 그만이잖아요? 분명 각자한테 맞는 거처가 기다리고 있을 거예요.여러분들이 보내시고 계시는 나날들은 절대 당연한 게 아니에요. 정말 대단한 일을 해내가시는 거니 자신이 하는 일에 자부심 가지셔도 됩니다. 주인공 해리한테 아버지의 노래인 해파리가 기억에 남는 것처럼 제 이야기도 이걸 읽으시는 분들의 기억에 남아 힘이 되었으면 좋겠습니다. 나는 누군가에게 진심이 담긴 응원을 받고 있다는 걸 잊지 마세요. 다시 한번 부족한 저의 이야기를, 아파하던 해리의 이야기를 들어주셔서 감사합니다. 짧은 순간이라도 거처가 다가오길 진심으로 바랍니다. 유랑을 하거나, 누군가의 거처일 당신에게 잠시나마 거처가 되었길 바라며.

박민서 올림

유랑

발 행 | 2024년 4월 19일
저 자 | 박민서
펴낸이 | 한건희
펴낸곳 | 주식회사 부크크
출판사등록 | 2014.07.15(제2014-16호)
주 소 | 서울특별시 금천구 가산디지털1로 119 SK트윈타
워 A동 305호
전 화 | 1670-8316
이메일 | info@bookk.co.kr

ISBN | 979-11-410-8203-1